教师教育系列教材

# 学前教育教学法实训指导书
# (第2版)

戴聪聪　主　编

曹　娟　张小伟　王立华　副主编

清华大学出版社
北　京

## 内容简介

本书是针对我国高等院校学前教育专业教学所用教材知识内容交叉重复,强调理论而忽视知识在幼儿园教学实践中的运用,缺乏教学技能训练活动的实践指导等问题,为培养综合型、实践型、有时代感的学前教育工作者而编写的。

本书共分四章,包括幼儿园教育教学每个环节的要求和实操案例,具体内容有幼儿园教育教学概述、幼儿园正规性教学活动实操练习、幼儿园非正规性教学活动实操练习、幼儿园日常生活中其他教学活动实操练习,每个章节都描述了实训活动具体的开展方式。

本书的特点是突出实训的理念,改变幼儿教师讲、幼儿听和幼儿教师不讲、幼儿不懂的传统教学局面,让幼儿教师充分利用已有的幼教基础知识和幼教实践工作经验,为幼儿做好讲解演示,将较为抽象的知识转化为具体形象的操作,引导幼儿去探索、操作,激发幼儿自身的潜能,最终达成学习的目标。

本书是高等师范院校教师教育系列教材之一,主要面向师范类本、专科学生,可以作为幼儿园教师岗前培训用书,也可作为国家幼儿教师资格证书考试和幼儿园编制考试的辅导用书。

---

本书封面贴有清华大学出版社防伪标签,无标签者不得销售。
版权所有,侵权必究。举报: 010-62782989, beiqinquan@tup.tsinghua.edu.cn。

图书在版编目(CIP)数据

学前教育教学法实训指导书/戴聪聪主编. —2版. —北京: 清华大学出版社,2020.7(2025.6重印)
教师教育系列教材
ISBN 978-7-302-55846-0

Ⅰ. ①学… Ⅱ. ①戴… Ⅲ. ①学前教育—教学法—师资培训—教材 Ⅳ. ①G612

中国版本图书馆 CIP 数据核字(2020)第 109078 号

责任编辑: 陈冬梅
装帧设计: 刘孝琼
责任校对: 李玉茹
责任印制: 杨 艳

出版发行: 清华大学出版社
网　　址: https://www.tup.com.cn, https://www.wqxuetang.com
地　　址: 北京清华大学学研大厦A座　　邮　　编: 100084
社 总 机: 010-83470000　　邮　　购: 010-62786544
投稿与读者服务: 010-62776969, c-service@tup.tsinghua.edu.cn
质量反馈: 010-62772015, zhiliang@tup.tsinghua.edu.cn
课件下载: https://www.tup.com.cn, 010-62791865

印 装 者: 三河市龙大印装有限公司
经　　销: 全国新华书店
开　　本: 185mm×260mm　　印　张: 10.5　　字　数: 261千字
版　　次: 2015年3月第1版　2020年7月第2版　印　次: 2025年6月第4次印刷
定　　价: 33.00元

---

产品编号: 087814-01

# 前　言

社会的发展促进了幼儿教育事业的快速发展，现阶段学前教育受到全社会前所未有的高度关注，社会对学前教育工作者也提出了更高的要求。

长期以来我国高校学前教育专业的首要目标是引导学生获取前人的经验，注重知识的传授，忽视了学生的潜能发挥和创新能力、操作能力的培养。在课程体系中，语言、科学、社会、艺术、健康等理论课程教学时间长，实践教学课程时间短。原有的以语言、科学、社会、艺术、健康五大领域内容来分科的学前教育教学法课程，在理论层面上存在严重的知识重复现象，占用了学生较多的实践操作时间。

本书在一个整体的基础上，将原有的五大领域学前教育教学法有机地综合在一起，将幼儿园正规性教学与非正规性教学，幼儿园教育与亲子教育、社区教育等融合在一起，以提高学前教育专业学生将学前教育理论和幼儿园具体教育教学实践融合的能力，着重培养学前教育专业学生的教育教学综合能力，使其符合当前对学前教育人才的实际需求。

本书着重选择突显人文历史、风土人情等能展现地方特色的内容、案例，将其融入学前教育教学内容中，启发学前教师从身边开始教。本书提供了丰富的幼儿园教学实践活动内容与指导要点，让学前教师学会构造一个优美的由声音、图像、视频等构成的立体多元的学习环境；学习操作教具和玩具(以下简称为教玩具)，以活泼灵动的表现形式开展学前教育教学活动。

本书尝试把最时尚的动漫教玩具延伸至学前教育领域，将高端信息技术引入幼儿园的日常教学，促成学前教师从教育观念、教育心态到教学方式方法的改变和综合素质的全面提高。

本书为温州大学2012年6月批准的教材编写项目，主要用作温州大学学前教育专业学生教学法课程的学习参考用书，也适合作为幼儿园教师岗前培训、幼儿园教师资格证考试、幼儿园教师编制考试等的参考用书。结合当前新的政策及幼儿园的需求，编者于2019年9月对该书进行了第二次修正，以尽量完善教材，更好地为广大师生服务。

本书主编戴聪聪在温州大学学前教育专业有着30多年学前教育教学法的讲授经验。副主编曹娟和张小伟在温州大学也都有近十年的学前教育专业理论及教学法的教学经验。王立华于新幼教研究所儿童美育研究中心工作，深入研究美育数十年。本书在编写过程中，借鉴了许多论文和兄弟院校教材中的观点和材料，在此向有关作者致以诚挚的谢意。

本书的编写和出版，得到了温州大学教师教育学院学前教育系和教师教育省级实验教学示范中心的经费资助。

由于水平有限，本书的疏漏之处在所难免，期望广大读者提出宝贵意见和建议，以便日后不断修正。

编　者

# 目 录

## 第一章 绪论 ... 1

### 第一节 幼儿园教育教学概述 ... 1
一、幼儿园教育活动的基本含义 ... 1
二、幼儿园教育活动的类型 ... 1
三、幼儿园教学活动的基本理念 ... 2

### 第二节 幼儿园的教学原则 ... 4
一、思想性原则 ... 4
二、科学性原则 ... 4
三、发展性原则 ... 5
四、灵活性原则 ... 5
五、直观性原则 ... 6
六、启发性原则 ... 6
七、趣味性原则 ... 7
八、实践性原则 ... 7
九、保教结合原则 ... 8
十、环境教育原则 ... 8
十一、生活性原则 ... 9

### 第三节 幼儿园的教学方法 ... 9
一、观察法 ... 10
二、实验法 ... 10
三、技术制作法 ... 11
四、信息交流法 ... 11
五、早期科学阅读法 ... 11
六、寻找法 ... 11
七、比较法 ... 11
八、操作法 ... 12
九、种植和饲养法 ... 12
十、散步与采集法 ... 12
十一、游戏法 ... 12
十二、讲解演示法 ... 13
十三、情境讨论法 ... 13
十四、社会行为训练法 ... 13
十五、移情训练法 ... 13
十六、技能训练法 ... 14

### 第四节 幼儿园的课程设置 ... 14
一、幼儿园正规性教学活动的特点、作用和设计要点 ... 14
二、幼儿园非正规性教学活动的特点、作用、设计和指导要点 ... 18
三、幼儿园日常生活中其他教学活动的特点、作用及指导 ... 18
四、在幼儿园开展教育教学活动要注意的事项 ... 19

本章小结 ... 27
思考与练习 ... 28

## 第二章 幼儿园正规性教学活动实操练习 ... 29

### 第一节 学前儿童语言教育活动的设计和实操练习 ... 29
一、学前儿童语言教育活动的意义、特点和类型 ... 29
二、学前儿童语言教育活动中幼儿教师的学习目标及实践操作目标 ... 32
三、学前儿童语言教育活动的实践操作任务 ... 32
四、学前儿童语言教育活动的实践操作指导要求 ... 32
五、学前儿童语言教育活动实践操作内容举例分析 ... 33

### 第二节 学前儿童科学教育活动的设计和实操练习 ... 39
一、学前儿童科学教育活动的意义、特点和类型 ... 39
二、学前儿童科学教育活动中幼儿教师的学习目标及实践操作目标 ... 42

三、学前儿童科学教育活动中幼儿
　　教师的实践操作任务 ............ 42
四、学前儿童科学教育活动的
　　实践操作教育指导要求 ............ 42
五、学前儿童科学教育活动的
　　实践操作内容举例分析 ............ 43

第三节　学前儿童社会教育活动的
　　　　设计和实操练习 ............ 48
一、学前儿童社会教育活动的
　　意义、特点和类型 ............ 49
二、学前儿童社会教育活动中幼儿
　　教师的学习目标及实践操作
　　目标 ............ 51
三、学前儿童社会教育活动的
　　实践操作任务 ............ 51
四、学前儿童社会教育活动的
　　实践操作指导要求 ............ 51
五、学前儿童社会教育活动的
　　实践操作内容举例分析 ............ 53

第四节　学前儿童健康教育活动的
　　　　设计和实操练习 ............ 60
一、学前儿童健康教育活动的
　　意义、特点和类型 ............ 61
二、学前儿童健康教育活动中幼儿
　　教师的学习目标和实践操作
　　目标 ............ 63
三、学前儿童健康教育活动的
　　实践操作任务 ............ 63
四、学前儿童健康教育活动的
　　实践操作指导要求 ............ 64
五、学前儿童健康教育活动的
　　实践操作内容举例分析 ............ 65

第五节　学前儿童数学教育活动的
　　　　设计和实操练习 ............ 69
一、学前儿童数学教育活动的
　　意义、特点和类型 ............ 70
二、学前儿童数学教育活动中幼儿
　　教师的学习目标及实践操作
　　目标 ............ 72

三、学前儿童数学教育活动的
　　实践操作任务 ............ 72
四、学前儿童数学教育活动的
　　实践操作指导要求 ............ 72
五、学前儿童数学教育活动的
　　实践操作内容举例分析 ............ 73

第六节　学前儿童音乐教育活动的
　　　　设计和实操练习 ............ 81
一、学前儿童音乐教育活动的
　　意义、特点和类型 ............ 82
二、学前儿童音乐教育活动中
　　幼儿教师的学习目标及实践
　　操作目标 ............ 83
三、学前儿童音乐教育活动的
　　实践操作任务 ............ 83
四、学前儿童音乐教育活动的
　　实践操作指导要求 ............ 84
五、学前儿童音乐教育活动的
　　实践操作内容举例分析 ............ 84

第七节　学前儿童美术教育活动的
　　　　设计和实操练习 ............ 90
一、学前儿童美术教育活动的
　　意义、特点和类型 ............ 90
二、学前儿童美术教育活动中幼儿
　　教师的学习目标及实践操作
　　目标 ............ 92
三、学前儿童美术教育活动的
　　实践操作任务 ............ 92
四、学前儿童美术教育活动的
　　实践操作指导要求 ............ 92
五、学前儿童美术教育活动的
　　实践操作内容举例分析 ............ 93

本章小结 ............ 103
思考与练习 ............ 103

**第三章　幼儿园非正规性教学
　　　　　活动实操练习** ............ 105

第一节　学前儿童区域教育活动的
　　　　设计和实操练习 ............ 105

一、学前儿童区域教育活动的
　　意义、特点和类型 .................. 106
二、学前儿童区域教育活动中幼儿
　　教师的学习目标及实践操作
　　目标 .................................. 107
三、学前儿童区域教育活动的
　　实践操作任务 ...................... 107
四、学前儿童区域教育活动的
　　实践操作指导要求 ............... 107
五、学前儿童区域教育活动的
　　实践操作内容举例分析 ........ 110

第二节　学前儿童创造性游戏教育
　　　　活动的设计和实操练习 ............. 126
一、学前儿童游戏教育活动的
　　意义、特点和类型 .................. 127
二、学前儿童游戏教育活动中
　　幼儿教师的学习目标及实践
　　操作目标 ............................. 129
三、学前儿童游戏教育活动的
　　实践操作任务 ...................... 129
四、学前儿童游戏教育活动的
　　实践操作指导要求 ............... 130
五、学前儿童游戏教育活动的
　　实践操作内容举例分析 ........ 130
本章小结 ........................................ 137
思考与练习 .................................... 138

## 第四章　幼儿园日常生活中其他教学活动实操练习 .............. 140

第一节　学前儿童亲子教育活动的

　　　　设计和实操练习 ...................... 140
一、学前儿童亲子教育活动的
　　意义、特点和类型 .................. 141
二、学前儿童亲子教育活动中幼儿
　　教师的学习目标及实践操作
　　目标 .................................. 143
三、学前儿童亲子教育活动的
　　实践操作任务 ...................... 143
四、学前儿童亲子教育活动的
　　实践操作指导要求 ............... 143
五、学前儿童亲子教育活动的
　　实践操作内容举例分析 ........ 144

第二节　学前儿童社区教育活动的
　　　　设计和实操练习 ...................... 148
一、学前儿童社区教育活动的
　　意义、特点和类型 .................. 149
二、学前儿童社区教育活动中幼儿
　　教师的学习目标及实践操作
　　目标 .................................. 151
三、学前儿童社区教育活动的
　　实践操作任务 ...................... 151
四、学前儿童社区教育活动的
　　实践操作指导要求 ............... 151
五、学前儿童社区教育活动的
　　实践操作内容举例分析 ........ 152
本章小结 ........................................ 157
思考与练习 .................................... 158

## 参考文献 .................. 160

# 第一章 绪　　论

## 第一节　幼儿园教育教学概述

### 一、幼儿园教育活动的基本含义

《幼儿园教育指导纲要(试行)》(本书以下简称《纲要》)及《3~6岁儿童学习与发展指南》(本书以下简称《指南》)中提出,幼儿园教育活动是教师以多种形式有目的、有计划地引导幼儿开展活动的教育活动,即教师要提高自己的教育素质,调动一切可利用的资源,有目的地对幼儿进行干预与指导,以达到幼儿德、智、体、美、劳全面发展的目的。

幼儿园教育活动是教师与学生双边互动的复杂又有规律的过程,组织和传递幼儿园的教育内容,保证幼儿园教育目标的实现,成为落实幼儿园教育目标和教学内容的主要载体和手段。

### 二、幼儿园教育活动的类型

幼儿园的教学活动过程和其他任何教学活动过程一样,都有自己的空间形态和时间流程。空间形态主要表现在教学活动形式上,时间流程主要表现在对教学过程各个组成部分的安排序列上。根据儿童年龄的不同、教学目的的不同、教学内容的不同、参与教学活动人数的不同,幼儿园教学应采用不同的组织过程。

#### (一)按照幼儿园教育活动领域来划分

《纲要》明确要求:"幼儿园的教育内容是全面的、启蒙性的,可以相对划分为健康、语言、社会、科学、艺术五个领域,也可作其他不同的划分。各领域的内容相互渗透,从不同的角度促进幼儿情感、态度、能力、知识、技能等方面的发展。"

陈鹤琴先生五指活动课程认为,幼儿园的课程教育活动内容由健康、语言、社会、科学、艺术五方面组成,五个领域就像人的手指,五个手指是活的,是可以伸缩的,也是连通的,是互相联系的。

## (二)按照幼儿园教育活动的组织形式来划分

根据幼儿园教育活动的不同组织形式，可以将幼儿园的教学活动划分为幼儿园正规教学活动、幼儿园非正规教学活动和幼儿园日常生活中的其他活动。

幼儿园正规教学活动是指幼儿园教师根据儿童教育教学的目标，有计划、有目标地选择课题内容，提供相应的材料，有步骤地开展科学探索活动。

幼儿园非正规教学活动是指由教师为儿童创设宽松、和谐的环境，提供各种学习活动的设备和丰富多彩的、有结构的材料，引发儿童的好奇心，每个儿童按照自己的兴趣和意愿，从自己的发展水平出发，自己选择活动内容，自己决定活动的时间，并利用自己的方法进行的学习操作探索活动。具体设计如科学发现室、游戏室、自然角、艺术区、语言区等。

幼儿园日常生活中其他教学活动是指在学前儿童周围世界中，较少地出现某一自然现象、人文现象、自然物、有趣新奇的情景等激发儿童的好奇心，引导儿童投入学习探索活动。

## (三)按照幼儿园教育教学活动的设计来划分

根据幼儿园教育教学活动的设计形式，将幼儿园的教育活动分为常规的教学活动与基于蒙台梭利三阶段教学法的教学活动。

常规的教学活动是根据泰勒传统的课程设计理念，选择活动主题，确定活动目标，进行活动准备，组织教学内容，设计活动过程以及延伸性活动。

基于蒙台梭利三阶段教学法的教学活动由认知练习、比对练习和确认练习三部分组成。该活动设计方法在蒙氏教育中起着非常重要的作用，也适用于幼儿园五大领域的各项教学内容，如采用三阶段教学法帮助学前儿童认识事物名称、符号，操作工具，进行感官训练，发展动作等。本书的活动设计所提供的案例多采用这种方法。

# 三、幼儿园教学活动的基本理念

## (一)尊重与平等

学习贯彻落实《指南》的精神成为该条例颁布后的重要工作，该条例重申并强调了以"幼儿为本"的儿童观、教育观、发展观，充分体现了学前教育对幼儿主体的尊重，只有在尊重幼儿的基础上，才能平等地与幼儿进行沟通与交流，促进幼儿主动学习。

了解幼儿的个性、情感和内心世界是对幼儿园教师的基本要求，是参与幼儿成长的第一步。幼儿的独特特征要求教师必须对其予以尊重，尊重他们的人格、自尊和个性，尊重他们的优点与不足，尊重他们的乐趣，实现师幼之间的互相尊重。了解是学前教育的前提，尊重是学前教育成功的基础，只有平等地对待幼儿，才能真正建立良好的师幼关系，使教育的渠道畅通。因此，要珍视每个幼儿的独特性，平等地接纳每个幼儿，这是教育教学活动的基本要求。

### (二)整合

《纲要》中明确指出："幼儿园的教育内容是全面的、启蒙性的……各领域的内容相互渗透，从不同的角度促进幼儿情感、态度、能力、知识、技能等方面的发展。"《纲要》将教育内容以学科的形式划分为五大领域，但是并不意味着幼儿园教育教学仅关注这五大领域，目标的设定给我们提出了新的要求，即更加关注不同领域之间的有机联系，各领域之间的相互渗透，从而实现领域之间的整合。伴随当前主体课程、项目方案课程在幼儿园的大力发展，领域之间的整合成为大势所趋，因此，必须树立整合的观念，重视幼儿园的全面发展，整合不同的教育内容和教育方法，更好地提高幼儿教育的质量。

### (三)生活与兴趣

幼儿的学习是以无意的动作与形象学习为主，他们对自己的生活感兴趣，借助自己的亲身体验以及与具体事物的直接接触，在生活中获得各种各样的成长与进步，从这个角度来看体现了杜威的"教育即生活"。因此在选择教育教学内容时必须贴近幼儿的实际生活，设计具有实际意义的生活情境，让幼儿在生活中进行学习，以幼儿适宜的、喜欢的方式认识世界、理解世界，保证幼儿的全面发展。

兴趣是幼儿学习的重要条件，感兴趣时，幼儿会乐此不疲，不感兴趣时，幼儿会无精打采、精神萎靡，因此兴趣的高低直接影响了学习的效率与教育教学的成果。在选择教学内容时，必须将兴趣作为选择的重要依据。

### (四)活动与游戏

幼儿园活动的主体是幼儿，教育目标实现的载体是幼儿活动的过程，是幼儿对教师设计内容的理解、内化，是幼儿将教师预期性目标转化为实际目标的过程。因此幼儿园的教学活动必须关注幼儿的实际活动。教师在掌握了基本教育理念、选择适宜的教育内容的同时，更要认真地揣摩教育活动的实施，以学前儿童的实际参与为核心，让学前儿童在活动的过程中体验、感悟，实现知识、技能尤其是情感、态度的内化。

游戏是幼儿活动的主要形式，学前儿童以游戏为生命，游戏是他们的正当权利，学前儿童丰富深厚的发展潜力也是在游戏的过程中得以发掘的。因此，为了使学前儿童能够成长为完整的人，有效地实现教育教学活动的成效，应将游戏作为组织幼儿活动的主要载体。

## 第二节　幼儿园的教学原则

为了使幼儿园的教育教学活动符合幼儿身心发展的客观规律，保证教育教学质量，圆满实现幼儿教育的目的，幼儿教师在教育教学过程中，必须按照一定的教育教学原则组织幼儿活动。

幼儿园教育教学原则，是指导幼儿园教育教学活动的一般原理和对教育教学工作的基本要求。它是根据幼儿教育的目的、任务和幼儿的年龄特点制定的，反映了幼儿园教育教学过程的客观规律，是幼儿教师长期教育实践经验的概括和总结。

幼儿园教育教学原则贯穿于幼儿园教育教学的全过程，指导教育教学活动的各个方面，是幼儿教师组织教育教学活动必须遵循的基本准则。

### 一、思想性原则

思想性原则是指在幼儿园全部教育教学活动中，必须向幼儿进行辩证唯物主义教育和共产主义道德品质教育，完成幼儿园德育的任务，也就是说，要将德育融入各项活动之中。

要通过各种教育教学活动，运用多种教育手段和方法，遵循一定的准则，对幼儿实施品德教育——培养幼儿爱祖国、爱人民、爱劳动、爱科学、爱护公共财物以及团结友爱、诚实、勇敢、不怕困难、有礼貌、守纪律等优良品德，为培养有理想、有道德、有文化、有纪律的下一代新人打下坚实的基础。

### 二、科学性原则

科学性原则是指向幼儿传授的知识、技能应该是正确的、可靠的，是符合客观规律的。教学内容的安排、教学组织形式的选择和教学方法的运用应符合幼儿的年龄特点和事物的发展规律，是切实可行的，也就是说，要保证幼儿园教育教学全过程的科学性。

幼儿时期形成的认知在大脑中会留下深刻的印象，对其以后的成长将会产生深远的影响。如果在教育教学中违背了科学性原则，不顾幼儿的年龄特点和事物的发展规律组织教学，向幼儿灌输一些似是而非、不切实际、非科学性的知识，不仅影响幼儿的现在，也会给以后的成长造成障碍。因此，坚持科学性原则是极其重要的。

例如，我国沿海地区，几乎每年夏秋两季都会或多或少地遭受台风的侵袭，因此而遭受的生命财产损失也不小。台风作为一种灾害性天气，可以说，没有人会对它表示好感。如果我们只强调"台风"的灾害性，就不够理性和科学，因为凡事都有两面性。台风是给人类带来了灾害，但是台风也会给人类带来好处，台风为人们带来了丰沛的淡水，能驱散热带、亚热带地区的热量，还能增加捕鱼产量等。

## 三、发展性原则

发展性原则是指幼儿园的教育教学活动要能有效地促进幼儿个性的全面发展，即智力、体力、道德、意志、情感等的发展。

维果茨基的"最近发展区"原理强调，教师应该善于预测孩子的"最近发展区"。"最近发展区"是指孩子已有水平和经过努力能够达到的水平之间的一段区域。要想促进孩子发展，就要提出高于孩子现有水平且孩子经过努力又能达到的要求。当孩子现有水平和要求之间出现矛盾时，应该引导孩子自己去解决这个矛盾，自主探索并达到要求，要让孩子"跳一跳，摘一桃"，而不是老师"把孩子举上去摘桃"。

幼儿园应对幼儿进行德、智、体、美、劳全面发展教育，使其健康活泼地成长，为以后进入小学打好基础，为造就一代新人打好基础。在教育教学过程中，无论偏重或忽视哪一方面，都不利于幼儿个性的全面发展。同时必须面向全体幼儿，把德、智、体、美、劳全方面发展教育贯穿于幼儿园的各项活动之中。

要贯彻发展性原则，就必须在充分了解幼儿已有知识和理解能力、智力水平的基础上提出"略微超前"的适度教育要求，把幼儿发展的可能性与积极引导幼儿发展二者辩证地结合起来。也就是说，既不宜低估或迁就幼儿的年龄特点，错过发展的机会；又不可拔苗助长，超过发展的可能性，这样才能使幼儿在最近发展区获得最大程度的发展和提高。

幼儿期更为有效的学习方式应该是具体形象的、以游戏为主的自发性学习，而不是"小学化"学习方式。学前教育方案最应考虑的就是儿童的需要，应以儿童的需要来裁剪课程，要由浅入深、由易到难、由具体到抽象、由感知到理解、从模仿到创造，按照知识的顺序和幼儿心理发展的阶段安排好幼儿学习及操作的内容。

## 四、灵活性原则

灵活性原则是指教师在教育教学过程中要根据各种因素的差异和变化，机智、灵活、富有创造性地组织活动。也就是说，保证幼儿园教育教学内容丰富、形式多样、方法灵活和过程灵动。

原则性，是指做事的规矩、准则，大家应遵循的制度；灵活性，是指做事不死板、不拘泥，能随机应变、变通处置。社会每天都在发生着变化，我们每天都处在变革之中，如果我们过分拘泥于现成规则，凡事不去变革、不去创新，一切照规矩办，我们将无法适应变革的社会。因此，在处理幼儿园教育教学工作时，在把握大原则的前提下，要学会变通。比如，幼儿园规定幼儿一天在户外的体育活动时间至少要一小时，但有几天是严重的雾霾天气，如果为了达到指标，让孩子戴上口罩在户外活动，这就既不科学也不灵活。

幼儿教师不仅要认真研究幼儿教育的规律和特点，而且要认真研究幼儿的年龄特点和个性差异，正确估计幼儿的实际水平，结合本地区、本园的实际条件，因地制宜，因材施教。

## 五、直观性原则

直观性原则是指利用幼儿的各种感官和已有经验，通过各种直观手段吸引幼儿的注意力，丰富幼儿的直接经验和感性知识，帮助幼儿形成正确的概念、获取知识和技能、发展智力。

这一原则是根据幼儿思维的形象性和具体性特点，为了解决教育教学中概念和事物之间的矛盾关系而提出的；能使教育教学活动过程生动形象、自然活泼，激发幼儿的学习兴趣和积极性，集中幼儿注意力，有助于幼儿理解、接受和记忆，发展观察力和形象思维能力，对提高教学效果有重要作用。通常运用的直观手段主要有以下几种。

(1) 实物直观，包括观察实物、标本，实地参观，做小实验等。
(2) 模具直观，包括观察图片、图书、玩具、模型、贴绒、教具、沙盘等。
(3) 电化教育直观，包括看幻灯片、录像、电影、电视，听录音、唱片等。
(4) 语言直观，指教师使用生动、形象、准确的语言描述。
(5) 动作直观，包括演示、示范、教态等。

## 六、启发性原则

启发性原则是指教育教学活动中通过对幼儿的启发诱导，充分调动幼儿学习的主动性和积极性，激发幼儿的求知欲望和探索精神，引导幼儿积极思考，提高幼儿主动获取知识和运用知识的能力。

幼儿教育的各种活动过程都是教师与幼儿的双边活动过程，如果离开了幼儿的主动性和积极性，就收不到预期的教学效果。幼儿的年龄特点决定了他们还不能把学习的社会意义转化为学习的内在动机，其学习的主动性和积极性，是与他们的兴趣、爱好、好奇心、求知欲望等紧密相连的。因此，幼儿教师要善于启发诱导，引导幼儿仔细观察周围的事物。例如，在比较"球"的大小时，幼儿往往会绝对化，如足球与乒乓球比较，会认为足球最大，乒乓球最小，这时，教师要运用教具或已有的经验启发幼儿，有没有比足球更大的呢？有，篮球。有没有比篮球更大的？有，羊角球。以此来启发幼儿了解比较大小时的相对性概念。又如，在进行"等分"活动中，将能体现多种答案的材料展现在幼儿面前，利用材料的隐性作用为幼儿的思维和动作的发展开辟更为广阔的天地。

教师要多组织安排幼儿参加丰富多彩的活动，寓教育于具体、生动的活动之中，促使幼儿对周围事物和现象产生兴趣和好奇心，产生汲取知识的欲望和内在动机，从而主动地开动脑筋、思考问题；教师要培养幼儿初步的逻辑思维能力和创造能力，使幼儿通过自己的智力活动去获得更多的知识和技能。

## 七、趣味性原则

趣味性原则是指在教育教学活动中，教师必须使各个教学环节充满趣味，以引起幼儿浓厚的学习兴趣，激发幼儿学习的积极性和求知欲，使幼儿在愉快的气氛中，带着喜悦的情绪，全身心地投入到活动中，以获取知识和技能。趣味性原则就是要寓教育于娱乐之中。

例如，各种形式的游戏，是幼儿普遍感兴趣的活动，如果增强竞赛性则更能吸引幼儿。竞赛性活动是最符合幼儿年龄特点的一种积极活动，也是幼儿获取知识、发展智力的有效方法和途径，在幼儿园教育教学活动中得到广泛的运用。

## 八、实践性原则

实践性原则是指在幼儿园教育教学活动中，教师要以幼儿的实际活动为基点，创设各种情境，组织各种活动，使幼儿在原有的发展水平上，通过与物体相互作用的操作活动及与教师和同伴的交往活动，使各方面的能力都得到训练和提高。

在实践活动中，幼儿的各种感官充分协调地运动，大脑也处于积极的活动状态，通过各种感官接触外界事物，首先得到的是对事物表面特征及外部联系的认识，即感性认识。随着实践活动的继续，感性认识积累到一定程度时，就会上升到理性认识，即形成对事物本质及内部联系的认识。例如，在幼儿园入园环节，通过有礼貌的问候，练习了良好的礼貌行为，也认识到这一礼貌行为在与人交往中的作用。又如，在就餐环节，幼儿学习独立就餐，同时了解食品卫生及食品营养的知识。只有不断反复地实践、认识，再实践、再认识，才能使幼儿在道德品质、行为习惯、智力水平以及知识、技能等各方面都得到发展。可见，实践性原则既贯穿于幼儿园教育教学活动的各个方面，又贯穿于幼儿园教育教学活动的始终。

## 九、保教结合原则

"保育"主要是指精心照料幼儿生活，保护幼儿健康，包括建立吃饭、穿衣、睡觉等合理的生活制度；注意个人和环境卫生，预防疾病，保证安全；科学地开展多样化的体育锻炼，增强幼儿体质，同时要开展心理保育，注意幼儿的情绪情感变化。"教育"是指有目的、有计划地对幼儿实施全面发展教育，包括卫生保健和安全教育，让幼儿形成良好的生活卫生习惯和自我保护意识，发展基本动作，获得生活中粗浅的知识和技能，发展语言表达能力和智力，培养良好的思想品德和行为习惯等。

"保教结合"是当前幼儿园教育教学工作应有的特点。保教结合原则是指在教育教学活动中，教师要树立保教并重的思想，把保育和教育有机地结合起来，使幼儿在健康成长的同时增长知识和技能，在发展智力的同时形成良好的品德和行为习惯。

《幼儿园工作规程》第二条提出："幼儿园是对3周岁以上学龄前幼儿实施保育和教育的机构，是学校教育的预备阶段。"保育在幼儿园不是可有可无的，而是非常重要的。把保育和教育相结合作为原则在幼儿园的教学任务中提出来，是对幼儿园性质的科学概括，必须引起大家的足够重视。要始终坚持保教结合的原则，既要注意在教育教学活动过程中加强对幼儿的保护，也要注意发挥日常生活的教育作用。例如，幼儿园小朋友每天饭后都要漱口，但没有一个小朋友把漱口水吐在地上，因为他们知道若将漱口水吐在地上，别的小朋友不小心就会摔倒，而且还不卫生。漱口是幼儿园的每个孩子每天都要进行的活动，这不仅仅是保育工作，也是教育工作。

## 十、环境教育原则

环境教育即利用环境中的教育因素，为幼儿教育服务，并促进幼儿的健康成长。幼儿是世界的"生客"，他们缺乏知识、没有主见、缺乏判断能力，只是接受环境以及人们的行为和语言的影响，环境塑造着他们的个性。例如，在幼儿园的角色扮演游戏中，我们会看到"妈妈"在轻轻地对娃娃说"乖乖地睡，妈妈在，不要怕"；当然，也会看到四人一桌认认真真地搓麻将的、孩子满口粗话骂小朋友的。又如，一个大学生物系老师的孩子，因为在家里接触到许多植物标本，受到潜移默化的影响，认识了许多植物，能向同班的小朋友介绍上百种植物的名称、特性等。因此，必须坚持利用环境、行为和语言积极暗示孩子，使他们产生认同感，抵抗任何消极暗示和影响。

《纲要》提出："环境是重要的教育资源，应通过环境的创设和利用，有效地促进幼儿的发展；幼儿园应为幼儿提供健康、丰富的生活和活动环境，满足他们多方面发展的需要。"

环境包括物质环境和精神环境。幼儿生活中的物质环境主要是有形的、看得见摸得着的自然环境、家庭环境、幼儿园环境、社区环境等。精神环境主要是隐性的、无声无形的，如家庭成员的人际关系，对幼儿的教养态度，幼儿园的教育管理制度，一日活动的组织安排，课程模式，教育内容，活动方式，教师素质，教育集体中成员之间的人际关系，社区、社会的文化、科学、信息等。

## 十一、生活性原则

生活性原则是指幼儿园的教育内容涉及幼儿生活的各个方面，幼儿日常生活环节中又蕴藏着许多教育内容。丰富的生活和游戏活动是早期教育的最好课堂，这是由孩子的生理和心理特点决定的。在生活的课堂里，"教者理智有意，学者快乐无心"，教师要充分引导孩子感受生活中的学问，快乐地学习。例如，听老师讲故事时要安静，不影响其他小朋友听故事，这是集体活动的规则；上厕所后要洗手，这是生活卫生习惯等。

# 第三节　幼儿园的教学方法

幼儿园的教学方法是多种方法的灵活运用，教师应允许孩子以适合自己的方式、方法、速度学习，要支持他们，发现和挖掘蕴藏在他们身上的潜能，形成学习过程中的良性循环。

从宏观上看，目前我国幼儿园常用的教学方法主要有以下几种。

(1) 以语言形式传授间接经验的教学方法。例如，教师在晨间交谈中告诉幼儿，第二天有冷空气，小朋友们要多穿些衣服，不然会感冒的。于是，第二天小朋友们都添加了衣服，没有出现感冒现象。这个方法使用方便简单，能快速达到目的，许多老师会经常采用这个方法。但这个方法不足的一面也很快表现出来，那就是要求教师有丰富的经验。当天就有一位幼儿来问老师："老师，我感冒了吗？"老师说："没有。""老师，你是怎么知道的？感冒是什么呀？"

(2) 以直观形式传授间接经验的教学方法。例如，通过录像让孩子们知道我们国家的首都北京是什么样的，有哪些标志性的建筑，如天安门城楼、长城等。这一方法使用得最多，较为经济，现在通过计算机使用起来也比较方便，同时符合以具体形象思维为主要特点的幼儿的学习方式。不足的是，这种方法还脱离不了传统的教学模式，还是以教师的讲解引导为主，幼儿缺乏主动操作学习的机会。

(3) 以实际训练形式形成的技能、技巧来解决遇到的问题和困惑的教学方法。例如，科学活动"沉与浮"，在一个盛有水的大盆里放入各种材料的物品，有木头的、塑料的、棉布的、铁的等，先让孩子们在水里玩这些物品，最后得出结论，什么东西会沉到盆底，什么东西会浮在水面上。这一类方法使用得越来越多，幼儿在其中的自主学习被大家欣赏，但是需要大量的操作材料，需要一定的经费支持，这也影响了这一方式的使用。

这些教学方法之所以经常被采用，主要是因为它们都有极其重要的使用价值，对提高教学质量具有特定的功效。但任何教学方法都不是万能的，它需要教师切实把握各种常用教学方法的特点、作用，特别是要考虑适用范围和条件，以及应注意的问题等，使其在教学实践中有效地发挥作用。

目前，我国幼儿园中使用较多的具体的教学方法有以下几种。

## 一、观察法

观察法是有目的的知觉活动，是认识世界的基本方法。它的作用是发展幼儿的感知能力，提供接触世界的机会，促进幼儿智力的发展。

学前儿童的观察具有零碎、片断的特点，只有通过有目的、持续的观察活动，才能完整、精确、深刻地反映出来。学前儿童观察活动的类型主要有个别物体和现象的观察，两种及两种以上物体的比较观察，长期系统观察等。

## 二、实验法

科学实验是指在人为控制条件下，利用一定的仪器或设备，通过操纵变量来观测相应的现象和变化的方法。其作用有：培养儿童探索科学的兴趣，有利于儿童理解科学现象；让儿童掌握简单的操作技能；发展儿童的思考力。

这种方法的特点是：内容来自生活；设备和条件简单，可就地取材；操作技术简单、要求低，和日常生活紧密联系；实验活动时间短、很快能看到结果。实验可分为儿童操作实验和教师演示实验等。

## 三、技术制作法

技术制作类活动是以真实的科学本质为基础，借助试验的形式，让学前儿童体验科技的相关基础知识，了解科技给人们带来的便利和发生发展过程，从而为学前儿童理解现代社会奠定基础。技术制作类活动在科学领域的应用非常广，主要表现为以下两个方面，一是让幼儿认识常见的科技产品，二是针对学前儿童开展的科技制作活动。

## 四、信息交流法

信息交流法是指幼儿所获得的有关周围环境的信息，以语言或非语言的形式进行表达和交换的方法。语言的方式包括描述和讨论，非语言的方式包括图像记录、手势、动作、表情等。

## 五、早期科学阅读法

早期科学阅读法是指使幼儿获得阅读图书以及早期识字和早期书写经验的方法。其主要阅读材料有科学诗、科学童话、科学故事、科普画册、录像等。要注意选择合适的早期科学阅读材料，并且运用好早期科学阅读的内容，师生共同阅读更能提高幼儿对阅读的兴趣。

## 六、寻找法

寻找法是指学前儿童在有准备或无准备的环境中寻找数、量、形并探究其中的关系，或在直接感知的基础上按数、量、形寻找相应实物的一种方法。该方法主要用于数学领域，适合于不同年龄阶段的不同数学教学内容，让学前儿童通过对环境的有意与无意的观察，感受数学的特点，在生活中寻找、感受数学，并学会用数学的思维解决生活中的问题。

## 七、比较法

比较法是学前儿童通过对两组或两组以上的物体进行比较，以数、量、形等方面作为标准比较出相同点与不同点的一种方法。根据学前儿童年龄阶段的特点，比较法主要有对应比较和非对应比较。

## 八、操作法

操作法是指幼儿亲自动手操作教具、摆弄物体，从而依靠已有的知识、经验去探索并获得新的知识、经验和技能；同时使幼儿的骨骼、肌肉得到锻炼。操作法有排序练习、阅读书籍、表演练习等。操作法将会越来越受幼儿的欢迎。

## 九、种植和饲养法

种植和饲养法是一个目标指向很明确的方法，主要用于科学领域，是指儿童通过使用简单的工具，多次反复地劳动，不断作用于某一动物或植物，在与它们频繁的接触中，连续地、较持久地观察，探索生命科学的奥妙。其作用是可观察到动植物的生长、发育、死亡等生命现象，了解生物与非生物的关系、人与自然的关系。幼儿在亲自管理和照料过程中观察动植物变化和成长，能产生愉快的情绪体验。

这个方法的特点是需要在老师的帮助下进行；内容与日常生活有紧密联系；技能十分简单、易学，不需要巨大的体力劳动。例如，种植包括整地、作畦、播种、管理；饲养包括选择合适的动物、饲养、管理。

## 十、散步与采集法

散步与采集法是让幼儿置身于广阔的大自然中，直接接触、探索大自然的奥秘的教学方法。其特点是教育组织形式宽松，活动空间大，自由度大；同一时间有许多刺激，使幼儿能按自己的意愿吸收外界的信息。例如，一边散步一边采集树叶、小石块等自己感兴趣的东西，从发现到采集再到观赏，最后制成标本。

散步与采集的作用是能促进幼儿好奇心的发展，提高感知力和观察力，陶冶对大自然的情感，建立"人与大自然是好朋友"的积极情感。在散步与采集过程中，全身都可以得到运动，能呼吸新鲜空气，有益于身心健康和发展。

## 十一、游戏法

游戏法是指教师在教育教学过程中借助游戏的方式组织并完成教学任务，将学前儿童的学习与活动寓于游戏中的一种方法。该方法在各领域使用较广，是一种有效的方法。其主要类型如下。根据材料分为实物、图片、科技玩具、口头、情境、多媒体等；根据作用分为感知、分类等。选编游戏时要注意科学性、趣味性、活动性、规则性，让幼儿有充分活动的机会，并且要师生共同参与游戏。

## 十二、讲解演示法

讲解演示法是指教师通过向幼儿展示教具并讲解，把抽象的理念具体地呈现出来的教学方法。这是一个最常用的方法。讲解时要语言简练、突出重点；演示用的教具要真实、美观、整洁；演示的动作要熟练、明确。

## 十三、情境讨论法

情境讨论法是指为说明一件事，或讲清楚一个道理，为幼儿创设一种情境，并运用开放式提问，引导幼儿讨论，最后教师阐明观点的做法。如在捐款活动中，教师会播放灾区受灾的一些录像，引导幼儿去讨论思考：发生了什么灾难？现在灾区的小朋友最需要什么？我们可以为他们做些什么？为他们捐献什么？通过讨论让小朋友明确我们为什么要帮助别人。

## 十四、社会行为训练法

社会行为训练法是指在教师人为创设的特定情境中进行的行为讨论、练习及各种实践活动的教学方法。如过独木桥的情形：一只小白羊和一只小黑羊在独木桥上相遇了，该怎么办呢？可以请小朋友们讨论，然后将讨论出来的方法直接在独木桥(平衡木)上试一试。最后大家认为，让小白羊将小黑羊抱住，转半圈，两只羊就可以各走各的路了。

## 十五、移情训练法

移情训练法是指通过故事、情境表演等形式，使幼儿理解和分享别人的情绪体验的教学方法。教师可以通过讲故事、情境表演、观看图片录像等方式使幼儿产生情感共鸣，从而能理解别人的做法。

## 十六、技能训练法

技能训练法是指教师对幼儿进行最初步的技能方面的练习，尤其是音乐、美术、表述等技能的训练的教学方法。例如，如何自然地歌唱，怎样拿画笔，怎样将自己的想法说给别人听，怎样能让别人听清楚等。

## 第四节 幼儿园的课程设置

幼儿园还存不存在教学活动？幼儿园还该不该具有教学活动这一理念？如果我们把教学仅仅界定为——老师的讲(讲是教师教的一种方式)和幼儿的听(听是学的一种方式)，那么，这种教学方式已经由于人们教育观念的更新而逐渐被幼儿的操作活动和师幼之间的交互活动代替。但是，它仍然是幼儿园不可缺少的一种教学形式，还将永远地存在下去。同时，更多的幼儿教师认识到，为幼儿提供操作材料，幼儿参与操作活动和师幼之间的交互作用也属于教学活动，也是教师和幼儿为了完成一定的教学任务而开展的活动，只是它们和前面所讲的那种教学方式(讲与听)不同而已。幼儿的操作活动和师幼之间的交互活动，同样离不开教师的教——不过教师在这些活动中的作用，不仅仅是讲，还是学习环境及学习材料的提供者，是活动的组织者和指导者。幼儿的活动需要教师的引导，需要教师提供必要的帮助。

在幼儿园教育实践中，教学活动并没有消失，而是一种客观的存在，只不过它的内容和形式比以前更加丰富了。教师的教，不仅包括"讲课"这一形式，还包括向幼儿提供学习材料、为幼儿的学习创设相应的学习环境，同时在必要时给幼儿以适当的帮助和指导；而幼儿的学，不仅仅包括听老师讲课，还包括在教师组织和指导下的操作和探索活动。所以，广大的幼儿教育工作者应该大胆地研究改进幼儿园教育中存在的教与学的方式。

为便于理解和掌握，按照幼儿园教育活动的特点、作用等的不同，我们将幼儿园的教学活动划分为幼儿园正规性教学活动、幼儿园非正规性教学活动和幼儿园日常生活中的其他活动三类加以具体地说明。

## 一、幼儿园正规性教学活动的特点、作用和设计要点

幼儿园正规性教学活动是指幼儿园教师根据学前儿童教育教学的目标，有计划、有目的地选择课题内容，提供相应的材料，有步骤地开展科学探索活动。该教学活动常见的设

计方式有两种：一种是常规的教学活动设计；另一种是基于蒙台梭利三阶段教学法的活动设计。两者在课题选择、目标设置、活动准备上的要求是一致的，主要表现为活动过程和活动延伸的区别。

### (一)幼儿园正规性教学活动的特点

(1) 学习内容统一、固定，由教师选择。
(2) 学习材料由教师统一提供，所有儿童共同操作。
(3) 学习过程中教师的直接指导多，但时间、空间受限制。
(4) 学习形式以集体教学为主。

### (二)幼儿园正规性教学活动的作用

(1) 保证每个儿童掌握基本的科学知识和方法技能。
(2) 教师的直接指导提高了儿童的学习效率。
(3) 能使儿童和同伴相互交流、相互启发、相互学习。

### (三)幼儿园正规性教学活动的设计——常规教学活动设计方法

#### 1. 活动名称

名称要做到既能明确活动的内容和要求，又能贴近幼儿生活，有趣味。例如，"锅碗瓢盆来唱歌"一看就知道是敲击类的音乐活动。

#### 2. 活动目标

(1) 教育活动目标应与总目标、年龄阶段目标保持一致。

幼儿教育活动总目标的实现是通过一个个具体的活动目标落实的，每个活动目标的制定都是服务于年龄阶段目标和总目标，因此在制定具体活动目标时要关注目标的方向性，符合儿童的年龄阶段特征，层层递进，体现目标的一贯性。

(2) 活动目标的制定要全面，要注重幼儿全面和终身的发展。

① 认知的学习目标。例如，通过操作，了解事物的主要特征。
② 能力和技能的学习目标。例如，在操作学习过程中幼儿发展了思考能力；幼儿学会用大拇指、食指、中指互相配合握紧汤匙。
③ 兴趣、态度和行为习惯的学习。例如，在观察种子发芽的过程中，幼儿培养了耐性和观察植物生长的兴趣。

(3) 活动目标的制定要突出重点。

教育活动的终极目标是促进幼儿的全面、终身发展，每个具体的教育活动都是落实总目标的一个环节。每一个教育活动都有可能促进幼儿多方面的发展，我们只需要审视其中蕴含哪些教育技能、教育情感和认知，在目标中加以表述，避免主次不分。

(4) 活动目标的制定要具有指导性和可操作性。

活动目标的作用一方面为我们的活动设计指明了方向，明确了任务与要求，同时规定了活动过程的基本操作方式和方法，指明了活动标准，因此，活动目标的描述要关注操作方式和结果，保证目标功能的实现。

(5) 活动目标的主体描述要统一规范，体现幼儿的主体性。

活动目标中主体行为的发出者应该一致，都是老师或幼儿，鉴于当前幼儿教育中对于幼儿主体的认识，目标描述尽量以幼儿为行为的主动发出者。

### 3. 活动准备

(1) 物质准备：教具、学具的准备。例如，积木、头饰等。

(2) 经验准备如下。

① 知识经验的准备。例如，在认识交通工具前，对车、船、飞机等要有一些初步的印象。

② 技能的准备。例如，走、跑、说话、拿剪刀等。

③ 心理的准备。例如，提前告诉幼儿，这周五我们要参观博物馆，我们需要准备哪些东西，也可以猜想一下博物馆里都有些什么。

### 4. 活动过程

(1) 活动开始部分的设计。其主要内容是介绍活动的内容和要求，导入方式比较灵活。举例如下。

① 通过儿童直接操作材料导入活动。

② 通过简短的指令导入活动。

③ 利用原有经验，通过提问导入活动。

④ 通过演示现象导入活动。

⑤ 通过谜语、儿歌、故事等导入活动。

(2) 活动进行部分的设计。

活动进行是活动过程的核心部分，制定的目标是通过该过程实现。这个过程因为领域的不同有所差异，但是整体来讲一般包含以下几个环节。

环节一：教师示范或幼儿自由探索。该环节会因领域、主题、材料的差异而不同，如在美术、语言等领域，一般采用教师操作的方式给幼儿做出示范和指导，帮助幼儿了解操作的方式和方法；在科学、数学等领域，鼓励以幼儿的自由探索式操作，发展幼儿的探索精神和创新意识。

环节二：交流讨论。该环节主要是承接环节一的操作，示范或自由探索结束后，借助教师与幼儿或者幼儿与幼儿交流讨论的形式，使经验更加明晰。

环节三：幼儿操作(可伴随相应的记录)。该环节主要是幼儿在带有目的和任务的情况下，进行自主操作和练习，操作的过程中可伴随相应的记录，真正地实现目标。

(3) 活动结束部分的设计。

活动的结束部分是一个活动的小结，要简单扼要。例如：

① 和幼儿一起总结并评价这次活动。

② 教师提出要求和建议。

③ 幼儿展示自己的作品。

④ 以艺术的方式(绘画、唱歌、跳舞)结束。

5. 活动延伸

活动延伸是指所进行的这一活动和下一活动之间的联系，主要是与幼儿的日常生活相联系，可以在幼儿园内或家庭、社会中开展延伸活动。例如，认识春天的活动结束后，引导幼儿在自己家的小区里找一找哪儿有春天。

(四)幼儿园正规性教学活动的设计——基于蒙台梭利三阶段教学法理念的设计方法

1. 活动名称(见15页活动名称)

2. 活动目标(见15页活动目标)

3. 活动准备(见15页活动准备)

4. 活动过程

活动过程是一个重要的部分，我们所定的目标都要通过这个过程来达到。这个过程主要包含三大块内容。

(1) 认知练习部分。其主要作用是以教师正确精练的语言，演示到位、准确的动作，帮助幼儿了解已有经验、理解知识、明确操作的步骤等。

(2) 比对练习部分。其主要作用是引导幼儿自主探究，重点内容是提问设计。特别要注意以开放性问题为主，例如："请你试一试，告诉大家，你发现了什么？""它是什么样的？像什么？有什么不一样？""还有什么？""你有什么办法？"

(3) 确认练习部分。其主要作用是以快乐的游戏表演等活动为载体,让幼儿进一步巩固所学的知识技能。

## 二、幼儿园非正规性教学活动的特点、作用、设计和指导要点

### (一)幼儿园非正规性教学活动的特点

(1) 教师提供各种可供选择的材料,由儿童自己选择学习的内容。
(2) 没有具体的活动目标和计划。
(3) 学习过程中教师的干预较少。
(4) 没有固定的组织形式,学习的形式以个人的操作探索为主。

### (二)幼儿园非正规性教学活动的作用

(1) 能充分顾及儿童在能力和兴趣方面的个别差异。
(2) 能充分发挥儿童的自主性,增强儿童的自信心、独立性和创造性。
(3) 能充分展示儿童学习科学的过程,并使儿童在这个过程中得到满足。

### (三)幼儿园非正规性教学活动的设计要点

以《纲要》和《指南》为总目标、总方向,设计与幼儿园语言、健康、科学、社会、艺术五大领域相匹配的实际操作区域,在各区域中提供数量多、内容丰富的操作材料,供儿童自主选择。

### (四)幼儿园非正规性教学活动的指导要点

(1) 以间接指导为主,尽量不干预儿童的行动。
(2) 适当引导,重在激发儿童的探索愿望。
(3) 观察儿童的行为,对儿童进行更多的个别指导。
(4) 创设科学探索的气氛,为儿童提供宽松、安全的"心理基地"。

教师要以热情、平等、尊重的态度对待每一个儿童,使他们感到安全、愉悦、轻松、没有压力,能专心致志地投入到操作、学习、探索活动中。

## 三、幼儿园日常生活中其他教学活动的特点、作用及指导

幼儿园日常生活中的其他教学活动是指在儿童的周围世界中,较少出现某一自然科学

现象、人文现象、自然物、有趣新奇的情景等激发儿童的好奇心，引导儿童投入学习探索活动。例如，突然下雷雨了，爷爷奶奶到幼儿园过重阳节，有外国人来幼儿园参观等。

### (一)幼儿园日常生活中其他教学活动的特点

(1) 常常是偶然出现，教师有时无法预计。
(2) 内容广泛，常常是就地取材。
(3) 时间、地点不定，随机性强。
(4) 过程多样、多变，容易受外界因素干扰。
(5) 主体具有强烈的内在探索动机。

### (二)幼儿园日常生活中其他教学活动的作用

(1) 能满足儿童探索周围世界的好奇心。
(2) 能有效拓展儿童学习的时间、空间及学习内容的范围。
(3) 能培养儿童对周围事物的敏感度。
(4) 有利于具有学习探究潜能的儿童得到进一步发展。

### (三)幼儿园日常生活中其他教学活动的指导

(1) 教师要及时引导儿童观察、发现、了解。
(2) 教师要热情地支持帮助儿童。
(3) 教师要适当引导。

教师对待偶发教学活动的态度，应该是深入了解、鼓励支持、积极引导，而不是干预、制止甚至训斥，或忽略、视而不见、充耳不闻。

以上三种教育方式的共同之处在于，都是学习探索活动，儿童是活动的主体。与此同时，以上三种教育方式各有特点、各有作用。

## 四、在幼儿园开展教育教学活动要注意的事项

### (一)针对小、中、大班编排合适的教学内容

无论是哪一种教学活动方式，对幼儿园教师来说，都会遇到一些较难解决、需要认真思考的问题。那就是教什么，怎么教，或是在区域中添置什么材料，小中大班怎么区分，等等。下面对这些问题做一个简单的讨论。

1. 根据学前儿童的特点确定课程内容

幼儿进入幼儿园学习以后,学前社会教育的内容会迅速增加,因此,我们要对内容进行分类,进行合理的安排,根据幼儿的年龄、能力的特点,循序渐进地安排内容。例如,针对3~4岁幼儿的自我教育活动,可以选择"我的名字叫什么"等课程内容,因为这个年龄段的孩子刚开始进入幼儿园这个小社会,有被集体接受和了解自己的需要。具体内容可以参考第二、三、四章中的实践操作。

下面我们举例说明课程内容选择的不同方式。

根据年龄找到有关"家"的内容。例如,小班的社会教育教案为"我有一个幸福的家",如图1-1所示;中班的社会教育教案为"三只蝴蝶",如图1-2所示;大班的社会教育教案为"装扮我的房间",如图1-3所示。

### 小班:"我有一个幸福的家"

动漫提示:

图1-1 小班"我有一个幸福的家"

操作提示:

(1) 通过动漫展示,将家中的主要成员(爸爸和妈妈)一个个展示出来,形成最基础的家庭成员概念。

(2) 通过角色扮演体会爸爸、妈妈在家中做的事情,体会爸爸、妈妈在家中干得最多的事情是什么,了解爸爸、妈妈照顾家中成员的辛苦。

### 中班:"三只蝴蝶"

动漫提示:

图 1-2　中班"三只蝴蝶"

操作提示:

(1) 通过观察"三只蝴蝶"的故事,理解一家人应该是亲亲热热的,在遇到困难时要团结、互相帮助。

(2) 教师带着幼儿进行情境表演,体会蝴蝶遇到的困难,感受家人的帮助,体会一家人团结在一起的力量。

### 大班:"装扮我的房间"

动漫提示:

图 1-3　大班"装扮我的房间"

操作提示:

大班孩子开始了解"家"的存在,对家有一个好的愿望,会希望自己的家更大、更美、更富有。因此我们可以选择以游戏的方式,让幼儿自主地去装扮自己的家和自己的房间。

可以从图的下方选择内容，摆放到房间里，要求物品丰富，但是要整齐、有序。

2. 考虑同一教学内容如何在不同的年龄段实施和落实

同样的学前儿童科学教育内容在不同年龄阶段要有不同的安排。例如，了解"水的沉浮"时，小班可以选择帮助幼儿发现物体在水中沉浮的现象(见图1-4)；中班可以侧重沉浮与物体材料的关系(见图1-5)；大班可以在经验基础上，创设操作情境，引导幼儿想办法改变物体在水中的沉浮状态(见图1-6)。

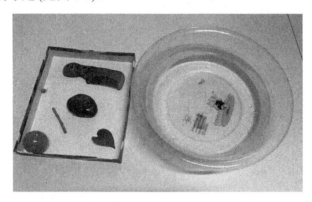

图1-4 小班"水的沉浮"

操作提示：

(1) 向幼儿展示操作材料，木梳子、石头、树叶、磁铁块、塑料球。

(2) 教师拿起木梳子向幼儿做示范，轻轻地将木梳子放进水里，观察木梳子会怎样。

(3) 请幼儿像老师那样做，观察物品在水里的状态。

图1-5 中班"水的沉浮"

操作提示：

(1) 请幼儿观看所有的操作材料，猜测物品在水里的状态并记录。

(2) 请幼儿进行操作，并将操作的结果再次进行记录。

(3) 对上浮和下沉的物品进行归类，发现规律。

图 1-6　大班"水的沉浮"

操作提示：

(1) 请幼儿将钢珠丢进水里，验证想法。

(2) 请幼儿想办法如何让钢珠浮在水面上。

### (二)如何选择幼儿操作学习时使用的材料

当前学前教育界，最需要提倡的就是教学的实践性、可操作性。让孩子手脑并用，在做中学，在玩中快乐地学。在传统的教学中，学前儿童社会教育偏向说教。例如，教育孩子要做一个诚实的人，大部分时间教师都在讲为什么要诚实的大道理，而很少加入操作活动和游戏娱乐活动。老师们也认为，两者较难结合，合适的操作玩具比较少。

因此，如何利用和选择现有的、合适的操作玩具、游戏玩具是本教材重点要解决的问题。

下面我们用实例来做一些解析，如图 1-7 所示，对于小班的社会教育内容"高高兴兴上幼儿园"，我们可以选择哪些含有动漫元素的操作教具和玩具？

### 小班："高高兴兴上幼儿园"

动漫提示：

图 1-7　小班"高高兴兴上幼儿园"

操作提示：

(1) 运用动漫视频观察，小动物们上幼儿园会带什么东西？它们的仪表，如头、衣服、鞋是怎样的？它们的表情动作怎么样？看动漫中小动物们上幼儿园多高兴啊，一路上还唱着歌呢。

(2) 运用表演教具练习——请幼儿带上小动物的头饰，表演小动物上幼儿园的情景。

(3) 选择的原则是描述性的内容采用图片观察或实物教玩具，动态的内容可以选择头饰、木偶等操作用具。

### (三)如何选择适宜的教学方式、方法

在确定了教学内容，选择了合适的教玩具之后，就要考虑选择合适的方式方法来落实教学内容了。方法上要从教法和学法两个方面来考虑，教法有讲解法、演示法等，学法有观察法、讨论法、操作法、表演法、游戏法等。不论选择哪一个方法，都要从幼儿身心发展的特点和掌握知识的需要来考虑。必须非常明确为什么要选择这个方法，它是否适合幼儿的年龄，是否有助于课程内容的实施和落实。下面我们用实例来做一些解析，讲解"节日"时，我们可以选择哪些方式、方法。

方式一：春节这个节日小朋友都放假在家，所以，可以以回忆的形式结合视频内容进行讲解。例如，过年了，小朋友们都穿上了新衣裳，要去看花灯等，如图1-8所示。

春　节

动漫提示：

图1-8　春节的讲解

方式二：正月十五元宵节可以给孩子发一些制作花灯的材料，以亲子活动的方式，让小朋友和家人一起制作花灯，在制作过程中体会节日的快乐和成功制作花灯的喜悦，如

图 1-9 所示。

### 正月十五

动漫提示：

图 1-9　元宵节的讲解

方式三："六一"国际儿童节，可以安排多方位的实践练习，如唱歌、舞蹈、体育趣味比赛、美术作品展示、社区慰问等，全面锻炼幼儿的能力，如图 1-10 所示。

### "六一"儿童节

动漫提示：

图 1-10　"六一"儿童节的讲解

## (四)如何合理开展和设计实践操作进行过程解析

下面我们用实例来做一些实践操作，并进行过程解析。例如，"在澡堂里认识身体"。

1. 认知练习

如图 1-11 所示，小黑熊在澡堂里认识身体。

动漫提示：

图 1-11　小黑熊在澡堂里认识身体

操作提示：

以教师讲解示范为主。小黑熊到澡堂洗澡，它洗头了，把头发洗得干干净净，它开始洗脸了，洗眼睛、洗嘴巴、洗鼻子、洗耳朵，把整张脸都洗得干干净净。现在它又开始洗身体了，在背上、手上、屁股上、腿上、脚上涂上了洗浴液，擦呀擦，洗得真干净。提问：小黑熊在洗澡的时候都洗了身体的哪些地方(部位)？

2. 比对练习

如图 1-12 所示，幼儿使用操作卡片进行比对练习。

动漫提示：

图 1-12　使用操作卡片进行比对练习

操作提示：

以幼儿个别或小组练习为主，教师指导为辅。教师引导幼儿使用操作卡片进行比对练习。先把卡片散放在桌上，然后请小朋友看看把洗浴液弄到头上的图片是哪一张，妈妈在为她擦干头发的图片是哪一张，一个小朋友瞪大了眼睛在看我们的图片是哪一张。

3. 确认练习

如图 1-13 所示，幼儿使用操作卡片进行确认练习。

动漫提示：

图 1-13　使用操作卡片进行确认练习

操作提示：

以幼儿的操作练习、游戏为主，使用操作卡片进行确认练习。先把卡片散放在桌子上，然后请小朋友说说，小黑熊洗澡的时候要洗哪些地方，边说边把卡片指出来。例如，小黑熊在洗它的脚掌呢（拿出或指出相应的卡片）。

# 本 章 小 结

本章简单地介绍了幼儿园教育教学的过程及在这个过程中涉及的原则、方法、教学设计、操作练习等内容。作为一名幼教工作者，首先要清楚地了解和把握教育教学过程，对幼儿园一天活动的安排，尤其是对一个幼儿园某一具体活动的安排要有整体的认识；然后在活动中去注意原则、方式方法、具体操作等细节的把握。希望通过本章的学习，当前及未来的幼儿园教师能在幼儿园教学这一方面形成初步的认识。

# 思考与练习

一、名词解释

1. 科学性原则
2. 保教结合原则
3. 启发探索法

二、简答题

1. 幼儿园教学过程包括哪几个方面?
2. 在小、中、大班怎样编排合适的教学内容?
3. 在幼儿园教育教学中,讲解演示法的用途很广,使用时要注意什么?

三、课堂实践练习

针对教学内容"六一"儿童节,分别在科学领域及社会领域,分析如何在小班、中班和大班落实这一教学内容。

# 第二章 幼儿园正规性教学活动实操练习

幼儿园正规性教学活动是幼儿园教师有目的、有计划的集体活动。本章通过介绍学前儿童正规性教育活动的实践操作，使学前教育专业的学生以及幼儿园教师了解学前儿童正规性教育教学的目标、内容、一般原理和方式方法，掌握学前儿童正规性教育实践活动的设计及实施，并学会对实践活动的效果进行反思，以提高幼儿园正规性教学活动的教育质量。

## 第一节 学前儿童语言教育活动的设计和实操练习

《纲要》中明确指出，开展语言活动，可以提高幼儿语言交往的积极性，发展语言能力。语言活动所要达到的目标是：幼儿喜欢与人谈话、交流；能倾听并理解对方的话；能清楚地说出自己想说的事，喜欢听故事、看图书。

《指南》中的表述就更为具体明确。在倾听与表达方面，目标一为认真听并能听懂常用语言；目标二为愿意讲话并能清楚地表达；目标三为具有文明的语言习惯。在阅读与书写准备方面，目标一为喜欢听故事、看图书；目标二为具有初步的阅读理解力；目标三为具有书面表达的愿望和初步技能。

幼儿语言学习的过程，应该是通过日常交流，在自然的生活环境中不知不觉地掌握发音、词汇、句子和表达的过程。幼儿教师应该了解幼儿语言发展的基本情况，按照《纲要》和《指南》中提出的要求和具体指标对幼儿进行有针对性的培养。

### 一、学前儿童语言教育活动的意义、特点和类型

#### (一)开展学前儿童语言教育活动的意义

语言与幼儿的生活息息相关，通过开展有效的学前儿童语言教育活动，能更好地促进幼儿整体素质的发展，为孩子一生的发展奠定基础。

**1. 学前儿童语言教育活动能促进学前儿童身心的发展**

学前儿童正处于语言发展的关键期，抓住关键期施加教育影响，往往产生事半功倍的效果。有研究指出，8～10个月是婴幼儿开始理解语义的关键期，9个月至两岁是理解语言的关键期，一岁半左右是口头语言开始发展的关键期，2～4岁是语言表达发展的关键期，3～4岁是语音发展的飞跃期。在关键期提供适宜的条件，学前儿童各方面的语言能力就可以获得迅速发展。我们很容易观察到，幼儿时期语言表达的需求十分强烈，想说、喜欢说、喜欢模仿成人说话，因此，要充分利用幼儿语言表达的积极性和主动性，创造良好的教育条件，促进他们语言的发展。

**2. 学前儿童语言教育活动能促进学前儿童交往能力的发展**

当孩子还不能理解成人语言或者无法进行表达时，孩子与外界的交流是十分有限的，因此常用啼哭来表达不同的意思，成人需要猜测他究竟是怎么了。饿了、尿了、困了还是病了？在幼儿学会说话之前，啼哭是交流的基本方式之一。一岁以后，孩子开始学说话，他们就能在实际生活中表达自己的想法、愿望、要求，从而能够与人进行更好的交流，如儿童能说"妈妈抱"等短句，即使表达得不够完整，但是在特定的情境下，成人完全能够明白其意思，并能在这个基础之上进行交流。语言的发展也能促进学前儿童与同伴的交往，他们互相打招呼、玩玩具、做游戏，很容易在交往中获得成功的体验，同时交往和集体活动又提高了幼儿学习语言和运用语言的积极性。

**3. 学前儿童语言教育活动能促进儿童认知能力的发展**

语言与认知活动是密切联系的，它们相互促进、共同发展。一个人的语言行为只有和认知行为相协调时，其语言能力是完整的。学前儿童借助词汇可以认识事物的名称、形态、习性、特征，把感知的事物及其属性特征表示出来，如儿童说"这是苹果""苹果是大大的、甜甜的"，说明他已经认识了"苹果"这一事物，并且知道了苹果的主要特点。

语言不仅可以使幼儿直接认识事物，还能使其间接地、概括地认识事物。借助词汇，儿童还可以把事物加以比较，分辨出它们的共同特点或不同特点，如儿童说"这是大皮球""这是小皮球"。正如皮亚杰所说，"语言具有双重意义：它既是一种凝缩的符号，又是一种社会的调节。语言在这种双重意义中便成为思维精密发展不可缺少的因素"。

**4. 学前儿童语言教育活动能促进学前儿童社会性的发展**

语言教育活动中，家长与孩子之间的交流，能带给孩子极大的快乐，满足孩子爱的需求。例如，家长一边讲，一边指着书中的画面，让孩子看，看到熟悉的水果、动物、生活用品，就引导孩子一起说，或把故事情节讲给孩子听，或回答孩子的问题，都能激发孩子的兴趣，增进孩子与父母的感情。

在讲故事、看图书的过程中，幼儿能获得感官上的享受和情感上的满足，如听到家长或幼儿教师充满感情的声音、各种有趣的事，幼儿会感到很高兴，心情愉快，甚至开怀大笑，图画书上鲜艳的色彩、生动的人物、精美的画面，也能使他们在视觉上获得很大的满足，还能激发他们的想象力。

### (二)学前儿童语言教育活动的特点

**1. 学前儿童语言教育活动是有目的、有计划的一项活动**

学前儿童语言教育活动是学前教育专业毕业的教师根据幼儿的身心特点，专门设计的有计划的教育活动。

**2. 学前儿童语言教育活动是由幼儿主动参与的活动**

语言学习有两个方面，那就是听和说，如果只听不说，那学的就是哑巴语言，时间一长幼儿就会失去学习兴趣，语言的交流功能也不存在了。

**3. 学前儿童语言教育活动是一项专门的语言学习过程**

在学前儿童语言教育活动中，幼儿能感受到许多语言元素，如模仿发声、理解词汇、学习用恰当的句子来表达自己的意愿等。幼儿主动学习，才能真正体现教育要以幼儿为主体的原则，注重过程而不是结果正是学前教育的一大特点，也是正确的教育观。

### (三)学前儿童语言教育活动的类型

正规性的语言教育活动是指有目的、有计划地通过专门的语言教育活动对学前儿童进行的语言教育，如集体性的语言教学、集体性的语言游戏活动。在这里，我们重点讲述语言集体教学活动的几种类型。从功能方面来划分，可分成以下几种类型：①学习讲故事活动，以掌握故事中的词汇及故事情节为主要目的；②学习朗诵诗歌活动，以掌握准确发音和朗诵为主要目的；③练习讲述活动，以掌握语言表达能力为主要目的；④阅读与书写(欣赏)活动，以了解、欣赏、认识中国汉字为主要目的；⑤学习语言欣赏活动，以提高倾听和欣赏能力为主要目的。

## 二、学前儿童语言教育活动中幼儿教师的学习目标及实践操作目标

### (一)能针对学习对象选择合适的学前儿童语言教育内容、方法和途径

作为幼儿园教师,必须学会在众多的语言学习内容中选择适合本幼儿园、本班以及个别幼儿的语言学习内容,并能采用合适的方法和途径让幼儿学习掌握这些内容,特别要注意的是,所选的内容必须是易于操作的。

### (二)学会确定学前儿童语言教育的实践操作目标

以往的学前儿童语言教学,多以教师的示范讲解及提问引导为主,很少涉及操作活动。因为有的教师认为,语言学习主要是开口练习,如果使用操作活动,主要是动手练习,说话较少,所以操作练习较难落实到语言学习活动中。其实,这个说法是有偏差的,学前儿童在语言学习方面有倾听与表达方面的需要,也就是说,先要学习听,再学习说,或同步进行。因此,我们可以借助教学用具进行多种语言操作练习活动。

### (三)学会选择适合学前儿童语言教育内容的动漫教学元素及其他操作教玩具

学前儿童语言操作学习活动除了可以采用传统的操作教玩具之外,还可使用多媒体教具,因为多媒体教具容易让幼儿产生互动,幼儿在听的基础上,还会产生表达的要求。

## 三、学前儿童语言教育活动的实践操作任务

(1) 通过实践操作练习活动,训练幼儿的发音,丰富幼儿的词汇,培养幼儿倾听、表达的能力以及提高幼儿对阅读和书写的兴趣。

(2) 针对不同的学前语言教学步骤完成相应的示范、讲解任务。

(3) 针对幼儿学习的步骤完成指导的任务。

(4) 创造自由、宽松的语言交流环境,准备好操作使用的动漫教玩具及其他类型的教玩具。支持、鼓励、吸引幼儿与教师、同伴交谈,体验语言交流的乐趣。

## 四、学前儿童语言教育活动的实践操作指导要求

### (一)要注重幼儿倾听习惯的培养,发展语言理解能力

在幼儿园,经常会看到幼儿无法安静地听完别人的讲话,会随意打断或做出不耐烦的举动。而安静地倾听是学习语言的前提,只有安静地倾听才能很好地模仿。

### (二)要鼓励幼儿用清晰的语言表达自己的思想和感受，发展语言表达能力

幼儿时期由于发音器官都在发育过程中，有时候会出现口齿不清、声音很轻等现象，如果这个时候受到批评，幼儿会变得不爱表达、不敢说话。因此要鼓励幼儿用清晰的语言表达自己的思想和感受，从而发展幼儿的语言表达能力。

### (三)要培养幼儿使用礼貌语言与人交流的习惯

语言的一个功能就是交流，而在交流的过程中，我们要做到文明有礼貌地与他人交流，以获得更多的交流机会，同时可以得到学习语言的机会。

### (四)要充分利用图书和绘画，引发幼儿对阅读和书写的兴趣，培养前阅读和前书写技能

幼儿往往觉得语言文字是一个符号、一个图案，他们会用笔将它们画下来。虽然幼儿还没有顺序和笔画的概念，但他们对书写有了兴趣，这是教师需要关注的。

### (五)要提供良好的语言环境，帮助幼儿潜移默化地学习本民族语言

幼儿的语言是通过在生活中积极主动的运用而发展起来的，单靠教师直接"教"是难以掌握的。教师应充分利用各种机会，引导幼儿积极运用语言进行交往。语言学习具有个别化的特点，教师应重视与幼儿的个别交流以及幼儿之间的自由交谈。语言能力是一种综合能力，幼儿语言的发展与其情感、思维、社会参与水平、交流技能、知识经验等方面的发展是不可分割的，语言教育应当渗透在所有的活动中。

## 五、学前儿童语言教育活动实践操作内容举例分析

学前儿童语言教育活动实践操作内容举例如表2-1所示。

表2-1 学前儿童语言活动实践操作内容举例

| | 实践操作种类 | 实操活动名称 |
| --- | --- | --- |
| 学前正规性教学活动——学前儿童语言教育活动 | 学习讲故事活动(词汇) | 七彩光宝宝 |
| | 学习朗诵诗歌活动(发音) | 刷牙 |
| | 练习讲述活动(表达) | 找找动物在哪里 |
| | 阅读与书写(欣赏) | 仓颉造字 |
| | 学习倾听(欣赏) | 《锄禾》 |

## 案例一：语言领域——学习讲故事活动(词汇)

**实操活动名称：** 七彩光宝宝

**实操活动目的：**

(1) 喜欢七彩光宝宝，对色彩产生浓厚的兴趣。

(2) 初步理解故事情节，感受色彩的魅力，感谢光线宝宝带给大地美丽的色彩。

(3) 学说"钻来钻去""玩耍"等词语。

**实操活动准备：**

相配套的动漫材料；对日常接触到的事物的颜色有所了解；三棱镜。

**实操活动过程：**

1. 认知练习

——今天，老师要给小朋友讲一个故事，故事的名字叫"七彩光宝宝"。

——太阳公公有七个调皮的光线宝宝，黄色、橙色、绿色、蓝色、青色、红色和紫色，它们开心地生活在一起。七彩光宝宝在云朵里钻来钻去，把天上的云染成了七色彩云，漂亮极了！七彩光宝宝在天上玩够了，就偷偷地溜到地上玩。

——它们溜到向日葵上。向日葵的脸蛋变得金黄金黄的。

——它们来到果园，给橘子穿上了橙色的衣裳。

——它们跑到草地上打滚、嬉戏，把草地变得绿油油的。

——它们蹦啊、跳啊，一跳跳到大海里，大海变得蓝蓝的。

——七彩光宝宝洗完澡，经过沙滩，小螃蟹向它们要来了青颜色，变成了小青蟹。

——七彩光宝宝一路玩耍、嬉戏，给走过的地方带来了不同的美丽色彩。

——七彩光宝宝刚来到菜园，太阳公公就喊它们回家。七彩光宝宝亲亲番茄，番茄有了红彤彤的颜色。

——七彩光宝宝赶紧往天空跑去，它们跑过的地方出现了一片七色的霞光。

2. 比对练习

——小朋友，你知道七色彩云是哪七种颜色吗？

——将三棱镜放在太阳光下，看看那条七彩光里面都有什么颜色？

——你见过大海吗？大海是什么颜色？那向日葵、橘子、小螃蟹、番茄又是什么颜色？

3. 确认练习

——幼儿玩三棱镜。

——操作实验活动，实物变颜色。

——为每位幼儿提供红、黄、蓝三种颜色的透明胶片，请幼儿放在有阳光照射的地方，看看颜色有没有变化，可以单独放一张，也可以两张重叠放，变化出更多的颜色。

——体验七彩光宝宝神奇的魅力。

**实操活动注意事项：**

(1) 该操作活动是以讲故事的方式，强化幼儿对颜色的正确认识。在这个操作活动的基础上，可以延伸到激发幼儿对不同颜色的美食进行观察的兴趣，让幼儿的想象力、动手能力得到发展。

(2) 建议家长和孩子一起收集各种颜色的美食照片，按颜色进行分类。

(本方案由心能美育幼儿园动漫教学平台提供)

### 案例二：语言领域——学习朗诵诗歌活动(发音)

**实操活动名称：** 刷牙

**实操活动目的：**

(1) 喜欢念儿歌，并从中感受到快乐。

(2) 理解儿歌的内容，做到准确发音。发准"拿""刷"等音。

(3) 快乐和有感情地朗诵儿歌。

**实操活动准备：**

相配套的动漫材料；牙刷、牙膏、漱口杯、水。

**实操活动过程：**

1. 认知练习

——观看动漫表演"小朋友们起床了，快乐的一天开始啦！"

——刷牙，上刷刷，下刷刷！你看，我的牙齿多白呀！

——小毛巾，手中拿，我来洗洗小脸吧！

——小梳子，抓紧啦！快快帮我梳头发！

——嗯！干干净净的，我要去幼儿园啦！

——小朋友，你们都看清楚了吗？刷牙是怎么刷的？

——教师采用边念儿歌边做动作的方式来示范朗诵儿歌。小牙刷呀手里拿，早晚都要刷刷牙，里里外外一起刷，满嘴的小牙白花花。

2. 比对练习

——小朋友说一说怎么刷牙？

——每天什么时间刷牙？

——我们来学几个动作。"拿"的动作怎么做?"刷"的动作又是怎么做的?

3. 确认练习

——边看动漫内容边学着念儿歌。

——给每位幼儿刷牙的用具,学着刷一次牙。

——水杯盛好温开水;拿牙膏;在牙刷上挤一点牙膏;先喝一口水;将水吐掉;开始刷牙;上刷下刷,里里外外一起刷;满嘴的小牙上出现白花花的牙膏泡沫;最后喝水,将水吐掉,重复几次;牙齿干净了,嘴巴舒服了。

**实操活动注意事项:**

(1) 开展此操作活动一定要注意趣味性。可以用动画的内容帮助幼儿理解,切不可只简单地背诵儿歌。

(2) 此操作活动建议在小班进行。中大班可以提高操作要求,并将操作内容扩展到其他领域。

(本方案由心能美育幼儿园动漫教学平台提供)

### 案例三:语言领域——练习讲述活动(表达)

**实操活动名称:** 找找动物在哪里

**实操活动目的:**

(1) 学会观察图片。

(2) 学习说(表达),将自己看到的说给他人听,让他人听得懂。

(3) 愿意表达,喜欢表达。

**实操活动准备:**

一张背景图片,如图2-1所示;单个物体图片若干。

**实操活动过程:**

1. 认知练习

——教师可以用提问的方式来帮助幼儿厘清讲述的思路。

——"图片上有什么?"(有树、花、草、动物。)

"大树上有谁?在干什么?"(大树上有小鸟,在快乐地唱歌。)

"大树下面有谁?在干什么?"(大树下面有一只狗,在呼呼睡大觉。)

"花丛中有谁?在干什么?"(花丛中有两只蝴蝶,在跳舞。)

……

2. 比对练习

——请个别幼儿来做比对。

——跳舞的两只蝴蝶在哪儿？大树下面有一只狗，请你指出来。还有小鸟在哪儿呢？

3. 确认练习

——请幼儿完整地将图片上看到的内容说给大家听，说出都有谁、在哪儿、在干什么。

**实操活动注意事项：**

(1) 小班看图讲述"找找动物在哪里"，教师以提问的方式来引导幼儿观察图片，让幼儿学习如何观察，用简单的词句来表达自己所看到的东西，学习用词、用句和正确地发音。在不会表述的情况下，还可以模仿老师的句式进行表达。

(2) 中班幼儿可以多选以练习为主的内容，练习讲述，练习表达自己的情感体验。

(3) 大班幼儿可以增加自己的想象，说出动物可能在想什么。教师可以用一连串的问题引发幼儿想象、创造和表达。

(4) 此操作活动涉及语言、社会科学等领域。

(5) 在确认练习熟练后，可变化单个物体元素，提高幼儿的兴趣，发挥幼儿的想象力和创造力。

图 2-1 练习讲述活动背景

## 案例四：语言领域——阅读与书写(欣赏)

**实操活动名称：** 仓颉造字

**实操活动目的：**

(1) 体验汉字的神奇、有趣，感受民族文化的博大精深。

(2) 理解故事内容，了解汉字的由来及演变过程。

(3) 通过观察象形文字和现代文字，初步认读几个常见的汉字。

**实操活动准备：**

相配套的动漫内容；象形字卡片。

**实操活动过程：**

1. 认知练习

——在多媒体屏幕上展示汉字。看看，这是什么？是汉字。知道中国的汉字是怎么来的吗？

——教师讲解。很久很久以前，世上没有文字，人们只能用刻木和结绳来记录事情。有个叫仓颉的人，觉得这样记事情很不方便，开始发起愁来。有一天，在一个三岔路口，有三个猎人正在争吵，一个要往东，说那里有羚羊；一个要往北，说那里有鹿群；还有一个要往南，说那里有两只老虎。仓颉觉得很奇怪，问："您怎么知道前面有老虎呢？""你看，这里有老虎的脚印啊！"猎人指着地上说。仓颉听以后心想：不同的脚印代表不同的动物，那么只要把事物的形状画出来，不就代表这个事物了吗？

仓颉高兴地跑回家，照着太阳、月亮、山、水、树木的形状把它们都画了出来，画得可真像啊！这就是象形文字哦！经过很多年的变化，就成了现在我们使用的汉字啦！

2. 比对练习

——古时候，人们用什么方法记事呢？

——猎人的争论让仓颉想到了什么？

——仓颉是怎么创造文字的？

3. 确认练习

——欣赏动画，了解汉字的演变过程。

——展示象形字，让幼儿做猜一猜的游戏，再展示正确答案，得到确认。

——小朋友，我们也来试试，造几个象形字吧。

**实操活动注意事项：**

(1) 此操作活动，是为了进一步激发孩子对中国汉字的兴趣，使孩子愿意参与识字活动，对文字产生探索愿望，而不是简单乏味的、完全小学化的识字教学。

(2) 建议在大班下学期进行，为幼儿进入小学做准备。

(3) 可以让家长和孩子一起收集象形字，激发想象，培养对汉字的兴趣。

(本方案由心能美育幼儿园动漫教学平台提供)

## 案例五：语言领域——学习倾听(欣赏)

**实操活动名称：**《锄禾》

**实操活动目的：**

(1) 感受劳动者的辛苦，要爱惜来之不易的粮食。

(2) 体会诗人的心境，能把自己的感受与他人交流。

(3) 尝试有感情地朗诵古诗。

**实操活动过程：**

1. 认知练习

——教师带幼儿一起边欣赏动画片，边听古诗《锄禾》的歌谣。

——你听到了什么？看到了什么？

2. 比对练习

——看第一遍动画片，问"这是什么地方？谁在那儿？在那儿干什么？"

——看第二遍动画片，边看边听古诗朗诵。动画片里是怎么朗诵的？

3. 确认练习

——继续欣赏动漫。

——引导幼儿来作画。

——引导幼儿进行古诗朗诵表演。

**实操活动注意事项：**

幼儿都非常喜欢看动漫，要注意观看的时间，要充分运用动漫让幼儿体会古诗的意境。

(本方案由心能美育幼儿园动漫教学平台提供)

## 第二节　学前儿童科学教育活动的设计和实操练习

《纲要》中指出：科学活动的目标是激发幼儿的好奇心，能发现周围环境中有趣的事情；喜欢观察，乐于动手动脑以及发现和解决问题；理解生活中简单的数学关系，能用简单的分类、比较、推理等探索事物；愿意与同伴共同探究，能用合适的方式表达各自的发现，并相互交流；喜爱动植物，亲近大自然，关心周围的生活环境。

《指南》中作了更具体的表述：科学探究的目标一是亲近自然，喜欢探究；二是具有初步的探究能力；三是在探究中认识周围事物和现象。

### 一、学前儿童科学教育活动的意义、特点和类型

#### (一)学前儿童科学教育活动的意义

**1. 有利于培养儿童学习的主动性**

在科学活动中，儿童主动活动，通过自己的亲自操作、探索，最终得出自己的结论，

这可以充分体现儿童学科学的主体地位，培养儿童学科学的主动性和积极性，使儿童真正成为学科学的主人。例如，一个男孩在手心玩一片树叶，觉得好痒，就和其他孩子说，这片树叶会让他的手心痒痒的。于是有好几个孩子学着做了。有的说真的好痒，而另一个孩子说一点儿都不痒。咦？这是怎么回事？小男孩觉得奇怪。问题出来了，孩子们继续探究着。

对幼儿来说，每一个发现都是自己主动学习的结果，而不是教师给予他们的，是通过自己的创造，而不是重复别人做过的事情而得到的。儿童真正成为主动的学习者，得到了成功的体验，这有助于儿童建立良好的自我概念。

### 2. 有利于儿童获取科学经验、建构科学知识

由于学前儿童思维水平的局限，他们所理解的科学知识仅限于具体的经验性知识，即科学经验。这种知识不可能通过从概念到概念的方法获得，而需要通过直接感知具体事物和操作活动才能获得。比如，问孩子，"爸爸妈妈掉水里了，你先救谁？"显然，孩子没有救人的具体的科学经验，也无法从书本上得到方法，所以孩子就凭着已有的经验来说了。一个孩子说："我一只手拉着爸爸，一只手拉着妈妈，就把他们拉上来了。"幼儿园的玩中学科学活动，因内容浅显、易懂、具有操作性，容易为幼儿所接受，所以效果非常明显。

在这些活动过程中，儿童可以在已有经验的基础上，不断地建构自己的科学知识，为将来掌握和理解科学概念打下坚实的基础。

### 3. 有利于儿童建构思维结构

在科学活动中，儿童要和外部世界相互作用，这不仅可以给儿童提供获取具体科学经验的机会，同时可以给儿童提供从感知经验上升到思维水平的可能。儿童在具体的操作活动和直接的科学经验的基础上，还可以进一步概括和思考，发现事物之间的联系。例如，幼儿会说"宝宝要早早地睡觉，明天就能早早地起床，上课就不会迟到，就能学好多好多本领，就能当节目主持人了"。

学前儿童科学教育是对幼儿的科学启蒙教育，使幼儿通过自身活动，对物质世界进行感知、观察，并通过动手操作发现问题。在科学活动中，幼儿通过积极主动的探索和操作，可以发展各种感官，并促进智力的发展。

### 4. 有利于激发儿童的好奇心和学科学的兴趣

儿童对于科学的兴趣，多半出自他们在科学活动中的愉快体验，而不仅是对科学知识本身的兴趣。例如，当幼儿看到一个方形的西瓜时，会情不自禁地上去看看、摸摸，还要

妈妈买一个打开来看看里面是不是和圆的西瓜一样。这时候，幼儿有的只是好奇，只有等他长大，才能真正明白方形的西瓜是怎么种出来的。而科学活动则常以其生动活泼的内容、丰富多彩的形式，吸引儿童主动参与，同时使儿童的好奇心得到满足和发展，进一步激发其对科学活动的兴趣，提高他们学科学的内在动力。

在科学活动中要特别重视儿童学科学的过程，使儿童在这个过程中得到充分的满足，尽享科学活动过程所带来的乐趣。幼儿园教师要注重科学操作活动过程给幼儿带来的满足感，所以不要给孩子限定操作时间，不要总是催促幼儿。例如，有一个幼儿在整个上午的操作时间内一直在摇晃自己的椅子，看上去挺无聊的，最后，他突然跑到老师面前说："老师，我知道这椅子的声音是哪儿发出来的了。"

学前儿童科学活动中，幼儿通过观察物体，摆弄、操作用具，动手制作等运用各种感官接触物体，从各个方面去认识、比较、分析这些物体的特征、习性、用途等，可以获得多方面的信息，从而引发幼儿的兴趣和求知欲。

### (二)学前儿童科学教育活动的特点

#### 1. 学前儿童科学教育活动具有探索性

学前儿童科学教育活动的首要特点就是探索性，也就是将学习过程作为探索的过程，要求幼儿在学习科学知识的活动中不是简单地去理解和掌握现成的知识，而是积极参与探求知识的全过程，使幼儿成为知识的研究者和发现者，确立了学前儿童的学习主体地位，强调儿童通过自己的探索活动来学习科学知识，使幼儿在掌握知识的同时，智力、能力也都得到提高。

#### 2. 学前儿童科学教育活动具有开放性

在学前儿童科学教育活动过程中，要让孩子放开"手脚"，大胆尝试，勇于探索，不断创新。尽可能让幼儿主动探究，开动脑筋；尽可能让幼儿大胆实践，发现问题、解决问题，并学习表达、归纳和评价；在"研究"过程中，允许幼儿用多种方法获取知识，寻找不同的答案。

学前儿童科学教育强调让儿童自己获取科学经验而不是被动地接受知识，并且在获得科学知识的同时学习科学的方法，培养儿童对科学的兴趣。

#### 3. 学前儿童科学教育活动具有实践性

在学前儿童科学教育活动过程中，必须让孩子做到动手、动口、动眼、动脑；重视幼儿实践的过程，在实践中得到结果。让孩子在探索科学的实践中学习科学知识，在学习科学知识的过程中，获得探究知识的方法、能力和乐趣。

明确了教师的指导者地位，强调教师的作用在于为儿童创设良好的心理环境、自然环境和丰富的科学环境，开展各种形式的科学活动，综合运用各种方法帮助儿童在与物质材料的相互作用中探索科学。

### (三)学前儿童科学教育活动的类型

从活动的方式来分，学前儿童科学教育活动可以分为：以集体教学形式为主的正规性科学活动，以活动区域为主的非正规性科学活动，以偶发事件为主的日常生活中的其他科学活动。本章重点分析以集体教学形式为主的正规性科学活动，可以分为认识植物学习活动、认识动物学习活动、认识非生物学习活动、认识人类常见生活用品学习活动等几类。

## 二、学前儿童科学教育活动中幼儿教师的学习目标及实践操作目标

(1) 针对学习对象选择合适的学前儿童科学教育的内容、方法、途径；掌握在实践操作中所运用的各种形式的组织方法和手段。

(2) 能独立思考，学会确定学前儿童科学教育实践操作目标，并在此基础上有所创新。

(3) 学会选择适合学前儿童科学教育内容的动漫教学元素及其他教玩具。

## 三、学前儿童科学教育活动中幼儿教师的实践操作任务

(1) 通过实践操作练习活动，提高幼儿的观察能力、实验能力、种植饲养能力、推理总结能力等，提高幼儿对动植物、非生命物质、日常生活中的现象等的探索兴趣。

(2) 针对不同的学前教育科学教学步骤完成相应的示范、讲解任务，重视实验教学操作演示、示范操作。

(3) 针对幼儿学习的步骤完成各种操作活动指导的任务。

(4) 准备操作使用的动漫教玩具及其他类型的教玩具，尤其要重视让幼儿观察的实物的真实性，以及幼儿操作用具的数量齐备和安全性。

## 四、学前儿童科学教育活动的实践操作教育指导要求

(1) 引导幼儿接触自然环境，使之感受自然界的美与奥妙，激发幼儿的好奇心和认识自然的兴趣。

(2) 结合和利用生活经验，帮助幼儿认识自然环境，初步了解自然与自己生活的关系。

(3) 引导幼儿注意身边常见的科学现象，感受科学技术给生活带来的便利，培养对科学的兴趣。

(4) 引导幼儿利用身边的物品和材料开展活动，发现物品和材料的多种特性和功能。

(5) 为幼儿提供观察、操作、试验的机会，支持、鼓励幼儿动手动脑、大胆探索。

(6) 引导幼儿关注周围环境中的数、量、形、时间、空间的关系，发现生活中的数学。

(7) 在解决问题的过程中帮助幼儿理解基本的数学概念，发展思维能力。

(8) 鼓励幼儿用多种方式来表现自己的探索过程和结果，表达发现的愉悦并与他人交流、分享。

总之，幼儿的科学教育是科学启蒙教育，重在激发幼儿的认知兴趣、探究欲望，帮助幼儿学习运用观察、比较、分析等方法。教师要让幼儿运用感官，亲自动手、动脑去发现问题、解决问题；鼓励幼儿之间的合作，并积极参与幼儿的探索活动。幼儿的科学活动应密切联系幼儿的实际生活，教师应充分利用幼儿身边的事物与现象作为科学探索的对象。

## 五、学前儿童科学教育活动的实践操作内容举例分析

学前儿童科学教育活动的实践操作内容举例如表 2-2 所示。

表 2-2 科学教育活动的实践操作内容举例

|  | 实践操作种类 | 实操活动名称 |
| --- | --- | --- |
| 学前正规性教学活动<br>——学前儿童科学教育活动 | 认识植物学习活动 | 蒲公英 |
|  | 认识动物学习活动 | 美丽的兔子 |
|  | 认识非生物学习活动 | 小小的沙粒 |
|  | 认识人类常见生活用品学习活动 | 神奇的计算机 |

### 案例一：科学领域——认识植物学习活动

**实操活动名称：** 蒲公英

**实操活动目的：**

(1) 知道蒲公英是一种野花，有很特别的花朵和有趣的茎、叶子。

(2) 根据自己的认识描述蒲公英。

(3) 培养幼儿的观察力和想象力。

**实操活动准备：**

(1) 照片：蒲公英。

(2) 儿童彩笔，画纸。

**实操活动过程：**

1. 认知练习

——小朋友，有一种花呀，就像一个毛茸茸的圆球，很轻很轻，风一吹，这些绒毛就随风飘呀飘，飘到哪里就在哪里安家。你们想知道这是什么花吗？

——出示照片蒲公英(花)，引导幼儿观察。

——蒲公英的花是什么颜色的？(黄色)花瓣是什么样子的？(引导幼儿观察，认识蒲公英花瓣的形状。)蒲公英的叶子是什么样的？(幼儿观察后发现，蒲公英的叶子是绿色锯齿形的，含白色乳汁。)它的茎是什么样子的？

——出示照片蒲公英(种子)。

——你们知道这是什么吗？(告诉幼儿这毛茸茸一样的圆球就是蒲公英的种子。)

——蒲公英生活在什么地方呢？让幼儿知道蒲公英是一种野花，生长于路旁、田野、山坡。蒲公英的种子随风飘落到什么地方，就在什么地方安家。

——了解蒲公英的作用。

蒲公英能吃吗？告诉幼儿蒲公英可生吃、炒食、做汤、炝拌，风味独特；蒲公英的花非常漂亮，可供人们观赏。

2. 比对练习

——这是什么花？

——它的种子是什么样的？

——它有什么用？

3. 确认练习

——幼儿绘画。蒲公英非常好看，现在我们把它画下来，举办一个蒲公英画展好吗？通过画蒲公英使幼儿加深对蒲公英的认识。

——"玩蒲公英"。有机会带幼儿到路旁、田野摘蒲公英，用力吹开种子，能看到蒲公英的种子随风飘落。

**实操活动注意事项：**

(1) 注意引导幼儿有序地观察植物。

(2) 在玩中了解植物，体会植物的美。

### 案例二：科学领域——认识动物学习活动

**实操活动名称：** 美丽的兔子

**实操活动目的:**

(1) 掌握观察步骤,有序地观察小兔子的外形特征、主要生活习性、活动时的动作等。

(2) 通过操作活动,培养幼儿观察周围事物的能力和习惯。

(3) 培养参与饲养小动物活动的兴趣,激发爱护动物的情感。

**实操活动准备:**

一只活的小兔子,给小兔子吃的食物(如青菜萝卜),不同种类的兔子的单个图片,观察记录表,用兔子身上的材料制作的食品、衣物的照片。

**实操活动过程:**

1. 认知练习

——(教师展示小兔)看看这是什么? (这是兔子。)

——引导幼儿有步骤地观察(从上到下)。兔子长什么样? (有头、身体、腿、尾巴。)头上有什么? (两只红红的眼睛、两只长长的耳朵、三瓣嘴。)身体是什么样的? (身上有毛、身体下面有四条腿、身体后面有一条短短的尾巴。)

——接下来我们要给兔子吃一点点心,仔细观察小兔喜欢吃什么? (提供多种类型的食物。)

——教师对兔子的特征、生活习性要分段做小结。

2. 比对练习

——在安全的前提下,教师引导幼儿摸摸小兔。三瓣嘴在哪儿? 短尾巴呢? 身上的毛很柔软,摸一下吧。

——请你将小兔最喜欢吃的萝卜拿过来好吗?

3. 确认练习

——幼儿自由地观赏小兔,给小兔喂食。

——在记录表上记下自己看见的东西,并说一说。延伸到动物饲养区中。

**实操活动注意事项:**

(1) 大班可以引入保护的观念。

(2) 此操作活动涉及科学、社会等领域。

(3) 重点放在观察喂养小动物上。

(4) 中班扩展到兔子的食品和用品,明确动物给人的生活带来的好处。

### 案例三:科学领域——认识非生物学习活动

**实操活动名称:** 小小的沙粒

**实操活动目的:**

(1) 激发幼儿对大自然现象的探究兴趣,增强幼儿的环保意识。

(2) 让幼儿在感知沙子特性的基础上发现沙子的好处、用途,并懂得珍惜沙子。

(3) 让幼儿学会初步的记录方法,发展幼儿的想象力。

**实操活动准备:**

(1) 照片(玩沙子)。

(2) 每个桌上放一盘沙子。

**实操活动过程:**

1. 认知练习

——出示玩沙子的照片,引导幼儿观察。你们看照片上的小朋友在玩什么?你们喜欢玩沙子吗?谁玩过沙子?好玩吗?想想你玩沙子时用了什么工具?

——教师引导幼儿认识沙子的特性。

——沙子是没有气味的。小朋友们玩沙子都很高兴,现在我想请大家闻一闻沙子,你们觉得怎么样?(是没有气味的。)

——沙子不溶于水。教师引导幼儿先放少量沙子到塑料杯内,然后画上一条线,再用勺子搅拌一下,然后把塑料杯放在旁边。等沙子沉淀后,引导幼儿观察画的线,得出沙子是不溶于水的结论。

——沙子是细细的,一粒粒的。

——小朋友,请你们用手摸一摸沙子。有什么感觉?用手抓一抓沙子,手上的沙子是怎样的?(摸起来软软的,沙子是细细的,一粒粒的。)

——现在我们用筛子来筛一下小石头和沙子,会怎么样呢?(看到沙子能从筛子上漏下来,小石头不行。)

——筛过的沙子相对于没筛过的沙子有什么特征呢?(特别细、小、软。)

——为什么手、脚能在沙子上留下清楚的印子呢?(因为沙子很细小、柔软。)

——教师小结:沙子是没有气味的,不溶于水,细细的,一粒粒的。

——幼儿认识到沙子的好处及用途。

——体育运动需要沙子。

——小朋友们都知道沙子是很柔软的,请小朋友在木地板上跳一跳,你们的脚会有什么感觉?跳得舒服吗?(木地板太硬了,跳一下脚就疼。)

——水泥地很硬,沙子很软,所以如果攀登架放在沙坑里面,人掉下来就不容易摔伤。(还有跳远的时候,也要用沙子,叔叔练拳头也要打沙包。)

——沙子有很多用途，小朋友在哪儿见过沙子？它们有什么用？

——建造楼房需要沙子，造桥需要沙子，如果把沙子、水泥、石头搅拌在一起变得硬邦邦的就可以造房子、造桥了。

——沙子可以装在袋子里堵洪水。

2．比对练习

——闻一闻，沙子有没有气味？

——沙子放进水里，会不会不见了？

——用手摸一摸沙子，抓一抓沙子，有什么感觉？

——沙子有什么用？

3．确认练习

——请幼儿每人拿一个印模，用湿沙进行印模游戏。

**实操活动注意事项：**

(1) 玩沙子是幼儿很喜欢的一项活动，但用语言对沙子的特性进行描述的能力较欠缺。所以，此操作活动要突出幼儿的语言表达练习，玩和说要兼顾。

(2) 在幼儿玩沙子活动的基础上，要突出科学活动的特点，那就是探究，让幼儿在看似平常的沙子中，探究它的特性。

(3) 因为有探究的要求、语言表达的要求和有创意地玩沙的要求，因此，此操作活动适合放在大班来进行。

## 案例四：科学领域——认识人类常见生活用品学习活动

**实操活动名称：** 神奇的计算机

**实操活动目的：**

(1) 激发幼儿对计算机的兴趣，培养幼儿的探索精神。

(2) 通过动画欣赏，让幼儿初步认识计算机，并了解计算机的基本用途。

(3) 会简单地使用计算机中的互联网功能，知道计算机可以帮助人们解决很多问题。

**实操活动准备：**

多媒体课件(说明计算机的作用)；幼儿人手一部计算机。

**实操活动过程：**

1．认知练习

——小朋友，请猜一猜，计算机有什么作用？

——看动画内容。

——小朋友，现在就请你们见识一下我的神奇作用吧。

——嘿！现在我变成知识宝库，你遇到什么难题都可以来问我哦！

——瞧！现在我是电视机，能播精彩的动画，还能播很多节目呢！

——咕噜咕噜恰！想和远方的朋友视频聊天吗？快快来找我吧！

——哈哈！现在我是超级商场啦！可以用我买想要的好东西呢！

——想和蓝猫一起做游戏吗？我也可以帮你实现愿望哦！

——瞧！现在我变成了照相机，我能让世界各地的小朋友都看到你的样子哦！

——哈哈！我还有更多本领等着你来探索哦！

2. 比对练习

——小朋友，你看到过的计算机是什么样子的？

——请你说说计算机都有哪些神奇的本领？

——你最喜欢计算机的哪些神奇本领呢？

3. 确认练习

——计算机真神奇，你们也来做个小小计算机工程师吧！

——幼儿在计算机上练习操作。

——引导幼儿愉快地玩"趣味飞行棋"。

——引导幼儿创造性地演示计算机的功能等。

**实操活动注意事项：**

(1) 随着计算机的普及，它逐渐成为人们生活中不可缺少的部分，幼小的孩子对这个未知的领域充满了好奇。本操作活动可以借助动漫的形式向幼儿展示计算机的巨大魅力，孩子将透过神秘的面纱真正地走近计算机、了解计算机，激发他们探索更多科学奥秘的欲望，为孩子打开宽广的科学殿堂之门。

(2) 注意提醒幼儿计算机对人的不良影响，不能长时间地玩计算机，要注意坐姿。

(3) 本操作内容建议在中班进行。小班偏重于观察，大班要求幼儿在玩计算机的过程中创造自己独一无二的作品，如绘画、摄影作品、朗诵儿歌、演唱等。

(本方案由心能美育幼儿园动漫教学平台提供)

## 第三节　学前儿童社会教育活动的设计和实操练习

《纲要》中指出：开展社会教育活动能够增强幼儿的自尊、自信，培养幼儿良好的态度和行为，促进幼儿个性的健康发展。其目标设定为：喜欢参加游戏和各种有益的活动，在活动中快乐、自信；乐意与人交往，礼貌、大方，对人友好；知道对错，能按基本的社会行为规则行动；乐于接受任务，努力做好力所能及的事；爱父母、爱老师、爱同伴、爱家乡、爱祖国。

《指南》中作了更具体的表述，在人际交往方面，要达成的目标如下：一是愿意与人交往；二是能与同伴友好相处；三是具有自尊、自信、自主的表现；四是关心尊重他人。而在社会适应方面，要达成的目标如下：一是喜欢并适应群体生活；二是遵守基本的行为规范；三是具有初步的归属感。

# 一、学前儿童社会教育活动的意义、特点和类型

## (一)学前儿童社会教育活动的意义

### 1. 学前儿童社会教育活动是国家教育的根本所在

我国古代伟大的教育家孔子说过："弟子入则孝，出则悌，谨而信，泛爱众，而亲仁。行有余力，则以学文。"孔子把良好的品行教育放在了首位，把培养孩子的道德行为作为最基本的教育目的。每个孩子如果形成良好的品德素质，以后就会树立正确的世界观、人生观和价值观。孩子是祖国的未来，是社会主义事业的接班人。良好的学前儿童社会教育活动，既能使其继承优秀的传统文化，又能引导孩子参与到现代生活中。

### 2. 学前儿童社会教育活动是孩子身心健康成长的需要

在学前儿童社会教育活动过程中我们不难发现，目前，学前儿童会表现出较多的不良行为，如自私、讲假话、没礼貌、任性、粗暴、不爱惜公物、行为无拘无束、遇到困难就大哭大闹等。这在一定程度上降低了孩子的社会适应能力，也降低了孩子的心理承受能力，影响了孩子身心的健康成长。

### 3. 学前儿童社会教育活动能促进学前儿童积极的社会化

社会化主要是指个体学习社会中长期积累起来的知识、技能、观念和规范，并内化为个人的品格与行为，在社会生活中加以再创造的过程。

促进学前儿童积极的社会化是学前儿童社会教育的又一重要任务。学前儿童的社会化是一个复杂的过程，积极的社会化并不会自然地发生，它需要教育者创设积极的教育环境并加以适当引导才能实现。学前儿童社会教育活动就是创设积极的教育环境，运用适当引导的原理与方法来引导学前儿童积极地参与社会化进程。

## (二)学前儿童社会教育活动的特点

### 1. 学前儿童社会教育活动具有随机性和无意性

在学前儿童社会教育活动中,系统的有计划、有目的的学习对幼儿来说还不是一种主要的学习方式,幼儿阶段的学习带有更多的随机性、无意性的特点。例如,一个在路上行走的腿脚不便的人,引起了孩子的关注和好奇,因为和自己的行走方式不一样,于是就不知不觉地学着走了起来。这一行为是随机地无意中产生的,但需要成人的引导。根据这一特点,学前儿童社会教育要注意为幼儿提供值得模仿的环境。

### 2. 学前儿童社会教育活动具有长期性和反复性

幼儿良好的社会性情感与行为是在活动和交往中通过反复体验与练习而形成的,具有长期性与反复性的特点。例如,自己照顾自己的行为,自己吃饭、穿衣等,如果不经过长期地、反复地练习,是很难做到的。从这一特点出发,教育者需要确立持久和耐心的教育态度。

### 3. 学前儿童社会教育活动具有情感驱动性

学前儿童社会教育也被称为情感教育。而情感是人类与这个世界产生联系的纽带,幼儿也常常因为信任与爱这个世界才愿意参与和学习这个世界中新奇的一切,因而他们的学习具有明显的情感驱动性。例如,自己喜欢的并且养了好长时间的小金鱼突然死了,好难过,哭了好长时间,妈妈劝说再去买一条也不肯,一定要原来的那一条。因此,学前儿童社会教育要注意营造良好的情感氛围,从情感出发,引导幼儿学会爱和理解。

### 4. 学前儿童社会教育活动具有实践性

学前儿童社会教育活动的内容大都是情节性与操作性的知识,只有通过亲身体验与实践才能真正理解。例如,对于发高烧、头很痛、很难受等,因为绝大多数孩子都经历过,所以孩子都能理解,但最重要的是孩子在生病过程中得到了大人的关怀,于是,当妈妈发烧难过时,孩子也表现出了关心的行为,如为妈妈揉太阳穴。所以学前儿童社会教育活动要为幼儿提供充分的实践学习的机会,才能使儿童内化这些知识与态度。

## (三)学前儿童社会教育活动的类型

专门的学前儿童社会教育活动是指教师有计划、有目的地利用上课、游戏、参观、劳动等形式,促进学前儿童社会性发展的一种教育形式,从而增进儿童对社会的认知、对社会的情感,培养良好的社会行为习惯。学前儿童社会教育活动包括学前儿童社会教学活动和学前儿童社会游戏活动。这里重点讲述以集体模式出现的学前儿童社会教育活动的种类，分为自我教育活动、认识社会环境教育活动、人际交往教育活动、社会规范认知活动、多元文化教育活动等。

在其他领域活动中，社会教育的因素经常被忽略，而失去了许多教育的机会。因此，教师要提高社会教育意识，充分利用各种机会开展社会教育。

## 二、学前儿童社会教育活动中幼儿教师的学习目标及实践操作目标

(1) 针对学习对象选择合适的学前儿童社会教育内容、方法和途径。

(2) 学前儿童社会教育内容的选择在许多教材中都不是特别明确，也经常看到幼儿园教师没有将学前儿童社会教育内容安排在一周计划中，所以，要认真细致地对待内容的选择，突出学前儿童社会教育的主题，不要将具体使用的方法、途径和内容混淆。不要认为在美术课上教师强调工具拿放的规范化就是社会教育，其实，这只是学前儿童社会教育在学前儿童艺术教育中的渗透。

(3) 学会确定学前儿童社会教育实践操作目标，做到心中有目标。

(4) 学会选择适合学前儿童社会教育内容的动漫教学元素及其他的操作教玩具。

(5) 要特别重视生活自理能力训练中用具的准备，要丰富和适用。

## 三、学前儿童社会教育活动的实践操作任务

(1) 针对不同的学前教育社会教学步骤完成相应的任务，重点进行人际交往的练习和社会适应性的练习。

(2) 针对幼儿学习的步骤完成相应的指导任务。

(3) 确定整体的学前教育社会实践操作环境，注意教室墙面立体布置、直观图片等。

## 四、学前儿童社会教育活动的实践操作指导要求

### (一)在学前儿童社会教育活动中培养孩子文明礼貌的行为习惯

培养孩子文明礼貌的行为习惯是一个长期的实践过程，因此，幼教工作者必须从生活中的点点滴滴做起，采用实践训练的方法教会孩子掌握一些礼貌用语；教孩子不骂人、不说谎、不讲脏话；教孩子尊敬和尊重别人；教孩子不随地吐痰，不乱扔果皮纸屑；教孩子遵守公共秩序和交通规则等。

提供自由活动的机会，支持幼儿自主地选择和计划活动，并鼓励他们认真努力地完成任务；在共同的生活和活动中，帮助幼儿理解行为规则的必要性，学习遵守规则；教育幼儿爱护玩具和其他物品，用完后收拾整齐。

### (二)在学前儿童社会教育活动中培养幼儿与他人友好相处的能力

现在的幼儿由于环境的影响和限制，和其他幼儿交往较少，所以容易形成"自我中心"的心理，来到幼儿园后不能和其他幼儿友好地相处、快乐地交往。所以我们必须在日常教学中培养幼儿与他人友好相处的品质，有好吃的大家一起吃，有好玩的大家一起玩，提高幼儿的社会交往能力。

引导幼儿参加游戏和其他各种活动，体验和同伴共处的乐趣；加强师生之间、同伴之间的交往，培养幼儿对人亲近、友爱的态度，教给幼儿必要的交往技能，学会与人和睦相处。

### (三)在学前儿童社会教育活动中注重培养幼儿勇敢、坚强的性格

勇敢、坚强、活泼的性格可以使幼儿勇于承认错误和克服困难，会独立地解决生活中的小问题，能够帮助幼儿树立自信心。所以幼教工作者必须在日常教学中鼓励幼儿大胆地发言和展示自己的才能，努力培养幼儿勇敢、坚强、活泼的性格；为每个幼儿提供表现自己的长处和获得成功的机会，增强他们的自尊心和自信心。

### (四)在学前儿童社会教育活动中培养幼儿的爱国精神

热爱祖国是人类的美德，对于祖国的热爱程度决定了一个人的道德水平。作为幼教工作者必须在日常的教学过程中把热爱祖国具体化、形象化，根据幼儿的理解水平，采用不同的教学方式，让幼儿受到深刻的教育和感染。扩展幼儿对社会生活环境的认识，激发幼儿爱家乡、爱祖国的情感。

### (五)有责任引导家长用真爱去感染幼儿

家庭是幼儿的第一课堂，父母是幼儿的第一任老师，大家都认可一句话："最了解幼儿的莫过于父母。"家庭与幼儿园及时沟通，建立互动，引导幼儿。父母注意自己的一言一行，一句话、一个手势甚至一个眼神都要为幼儿做一个好榜样。家庭成员之间相互尊重、相互谦让，父母与邻里、同事友好相处，关心别人，都能为幼儿营造一个温暖和谐的家庭氛围。父母在生活中要对幼儿的做法作出正确的评价，让幼儿知道什么是好的，什么是坏的，什么事应该做，什么事不应该做，为幼儿指明方向。

幼儿园对幼儿的品德教育，是当今教育界探讨的一个重要课题。幼儿期不仅是开发智

力、发展能力的重要时期，也是幼儿良好品德形成的关键时期。作为幼教工作者，必须明确幼儿园品德教育目标，以德育为主线，带动其他各项活动顺利开展。

总之，及早重视孩子的品德教育，从小培养孩子关心他人、同情体贴别人、处处为别人着想、热心地帮助人、不轻易打扰别人等文明行为，这也是铸成良好人格的一个重要方面。

学前儿童社会教育是一个综合的学习领域。社会学习往往渗透在各种学习活动和幼儿生活的各个环节中；社会学习具有潜移默化的特点，尤其是社会态度和社会情感的学习，往往不是教师直接"教"的结果。幼儿主要是通过在实际生活和活动中积累有关的经验和体验而学习的。教师要注意通过环境影响、感染幼儿；教师和家长是幼儿社会学习的重要影响因素。模仿是幼儿社会学习的重要方式，教师和家长的言行举止或直接、或间接地影响幼儿，构成他们学习的"榜样"。因此成人要注意自己的言行，为幼儿提供好的榜样；幼儿的社会性培养需要家庭、幼儿园、社会保持一致，密切配合。

## 五、学前儿童社会教育活动的实践操作内容举例分析

学前儿童社会教育活动的实践操作内容举例如表 2-3 所示。

表 2-3　学前儿童社会教育活动的实践操作内容举例

| | 实践操作种类 | 实操活动名称 |
| --- | --- | --- |
| 学前正规性教学活动<br>——学前儿童社会教育活动 | 自我教育活动 | 独特的我 |
| | 人际交往教育活动 | 逛百货商店 |
| | 认识社会环境活动 | 话说玉甑峰 |
| | 社会规范认知活动 | 遵守规则 |
| | | 怎样有礼貌地打扰别人 |
| | 多元文化教育活动 | 认识温州地图 |

### 案例一：社会领域——自我教育活动

**实操活动名称：** 独特的我

**实操活动目的：**

(1) 使幼儿通过观察、比较、自我介绍、特长展示等活动，形成积极的自我评价，增强幼儿的自信心。

(2) 提高幼儿自我表现的能力。

(3) 初步学会表达自己的感受。

**实操活动准备：**

电视机，实物投影仪，教师和幼儿小时候的照片，布，针等。

**实操活动过程：**

1. 认知练习

——老师这儿收集了许多我们班小朋友小时候的照片，看着照片你能猜出他是谁吗？

——教师介绍玩法。老师和小朋友一起玩个有趣的游戏，游戏的名字叫《请你猜猜他是谁》，老师把小朋友小时候的照片放在实物投影仪上，映在屏幕上。大家猜猜他是谁？

——教师在投影仪上依次展示本班小朋友和教师小时候的照片，引导小朋友根据相貌猜测。

——每个人的相貌都各不相同，没有哪两个人长得一模一样。

——我们每个人不光相貌各不相同，而且每个人身上都有独特的长处是值得大家学习的。

2. 比对练习

——他是谁？你是怎么猜出来的？他有什么特点？

3. 确认练习

——向客人(老师)做自我介绍，和客人(老师)交朋友。今天还来了许多不认识你的客人(老师)，你能礼貌大方地向客人(老师)做一下自我介绍吗？

——谁愿意把自己独特的优点介绍给大家？幼儿依次在集体面前展示自己的特长，如唱歌、舞蹈、武术等。

**实操活动注意事项：**

(1) 幼儿在表演区继续展示自己的特长。

(2) 开展角色游戏"照相馆"，引导幼儿发现每个人的相貌特征。

(3) 从活动组织形式看，幼儿自我介绍和特长展示，既有个别幼儿在集体面前的交流，又有幼儿自由结伴的交流，还有幼儿与客人(老师)的交流(正在上公开课)。这三种组织形式，既为每个幼儿提供了表现自我长处和获取成功的机会，又符合幼儿心理发展的需要，从而促进了幼儿发展的实效性。

### 案例二：社会领域——人际交往教育活动

**实操活动名称：** 小班社会教案(逛百货商店)

**实操活动目的：**

(1) 教幼儿用普通话说爷爷、奶奶、叔叔、阿姨、汽车、手枪、图书和积木的名称，要求发音正确。

(2) 体验关心他人、体谅他人带来的美好心情。

(3) 初步培养幼儿换位思考的意识。

**实操活动准备：**

(1) 胡须、塑料眼镜、帽子、小提包各若干(总数与幼儿人数相同)，作化装用。

(2) 在桌面上布置好柜台，柜台上有玩具汽车、手枪、图书、积木各若干(总数略超出幼儿人数)。

**实操活动进程：**

1. 认知练习

——全班幼儿坐成半圆形，请四个幼儿当营业员(每人分管一种商品)，其余幼儿当顾客。教师帮他们分别化装成爷爷(粘上胡须)、奶奶(戴上眼镜)、叔叔(戴顶帽子)、阿姨(拎个小提包)。

2. 比对练习

——请你告诉我，哪位是营业员？

——胡须在哪儿？眼镜在哪儿？帽子和小提包呢？

3. 确认练习

——游戏开始时，先请全班幼儿逐一起立，做自我介绍，如"我是奶奶""我是叔叔"等。然后，教师再请四至六个顾客向营业员买东西。营业员要主动招呼顾客，如"老爷爷，您要买什么？"顾客要有礼貌地进行对话，正确地说出自己要买的东西的名称，如"我要买积木"。讲得正确，营业员就把东西卖给他，让他带回座位去。再请另外一批顾客来买东西，直到每个顾客都买到东西为止。

**实操活动注意事项：**

(1) 在游戏中，教师要注意听幼儿的对话，发现有语音不准、语句不规范的情况，要加以纠正。

(2) 买到的东西不能马上就玩，要等全班幼儿都买到后再一起玩。

## 案例三：社会领域——认识社会环境活动

**实操活动名称：** 话说玉甑峰

**实操活动目的：**

(1) 通过讲解玉甑峰的传说，了解温州中雁荡山玉甑峰的来历与形成，丰富词汇量(玉甑峰、炊具)。

(2) 让幼儿感受家乡美丽的景色。

(3) 培养幼儿的动手能力。

**实操活动准备：**

(1) 教具：多媒体教学课件(以录像的方式展示美丽的玉甑峰)。

(2) 学具：幼儿人手一份拼图。

**实操活动过程：**

1. 认知练习

——小朋友好，今天老师给小朋友带来了一个录像，请看大屏幕。

——请小朋友说一说，这是什么地方？(温州乐清白石镇的玉甑峰)

——关于玉甑峰还有一个美丽的传说。(玉甑峰相传是西天厨房里的一个炊具——锅，孙悟空很调皮，将它弄破了，留下了一个洞，没法用了，就留在了人间，成了我们温州乐清白石镇最美丽的风景——玉甑峰，留下的那个洞就是虹公洞。)

2. 比对练习

——使用多媒体课件中的单个图片，让幼儿边说边选择正确的图片，进行比对练习。

——玉甑峰相传是西天厨房里的什么东西？(锅)

——王母娘娘在设蟠桃会的时候玉甑怎么了？(被孙悟空弄破了)

——炊具玉甑有什么用？(可以煮很多饭，供所有的人一起吃)

——那现在留下的西天大炊具叫什么？(玉甑峰)

——弄破的那个洞现在在哪儿？叫什么？

3. 确认练习

——出示玉甑峰的分割图片，请几位幼儿来讲一讲，并说出拼出的景点叫什么。

——全体幼儿拼图，教师做指导。

——幼儿把拼好的图片拿去跟班上的孩子一起分享，并教幼儿说出地方名。

**实操活动说明：**

(1) 玉甑峰是中雁荡山最有名的景点，让作为白石人的小朋友从自己的身边开始了解、感受家乡的美，激发对家乡的热爱。通过民间流传的神话传说来了解玉甑峰的形成及来历，更贴切、更有趣。利用了家乡——白石的风景特色这一大资源。

(2) 此操作可涉及社会语言等领域。

(3) 小班以了解玉甑峰的一个景点为宜，中班可扩大至3～5个景点，大班可自己设计操作拼图，延伸至艺术领域。

(本操作方案由温州白石镇中心幼儿园提供)

## 案例四：社会领域——社会规范认知活动

**实操活动名称：** 大班社会教案(遵守规则)

**实操活动目的：**

(1) 知道生活、游戏中有许多规则需要大家一起来遵守。

(2) 能积极参与集体讨论，共同制定游戏规则，并尝试合作与竞争。

(3) 喜欢游戏，感受由遵守规则带来的快乐情绪。

**实操活动准备：**

(1) 经验准备：已会玩"谁是领头人"的游戏，认识一些常见的标记。

(2) 物质准备：小铃、标记若干，亮眼人头饰、帽子人手一项，领头人分队竞赛的录像，幼儿园里遵守规则的PPT、背景音乐。

**实操活动过程：**

1. 认知练习

——游戏"看谁认得快"，引出规则标记。昨天，我们一起认识了一些遵守规则的标记，想和它们一起做游戏吗？

——教师出示标记，请幼儿说说，它表示要遵守什么规则，看谁认得快。(标记：A. 向右转。B. 小铃标记。C. 节约用水。)

——教师出示标记，请幼儿用动作表示要遵守的规则。(标记：D. 保持安静，不说话。E. 慢慢走，不要跑。)

小结：小朋友真厉害，都能认出这些标记。

2. 比对练习

——播放PPT。教师：其实我们在幼儿园里还有很多规则需要大家一起遵守。看图片。

——下楼梯时要排好队，不推挤，不插队。

——吃饭时要安静，还要保持桌面整洁。

——玩玩具后，要物归原处，摆放整齐。

——看书的时候要保持安静。

——你们最喜欢哪些遵守规则的小朋友？

——教师：我们不光在幼儿园里要遵守规则，在生活中的很多地方都要遵守规则，这样才能让我们的生活变得更快乐。

3. 确认练习

——导入游戏"谁是领头人"，强调遵守游戏规则。

——昨天,我们一起玩了一个"谁是领头人"的游戏,还记得这个游戏中要遵守哪些规则吗?

——不能告诉亮眼人谁是领头人。这里有没有适合的标记可以表示这个规则呢?

——请小朋友来找找。(幼儿在以上编号 A~E 的五个规则标记中找出适合的标记贴于另一展板上。)

——亮眼人不能先转过来,要听到铃声才能转头。(幼儿同样找出并贴上适合的标记。)

——和领头人的动作一致。有适合的标记吗?(没有,老师用简笔画表示。)

——小结:原来"谁是领头人"的游戏要遵守这些规则,你们都记住了吗?

——幼儿进行游戏。

——情况 A:亮眼人找出了领头人。亮眼人怎么发现他就是领头人的? (领头人在变动作的时候被发现了。)

——小朋友们想一想,如果你是领头人,怎样变才不容易被发现?(聪明的领头人在变动作时要快速才能不被发现。)

——情况 B:没找出来。领头人是谁呀?领头人和我们全体小朋友真厉害,都能遵守规则,没被亮眼人找出来。给自己鼓掌。

**实操活动注意事项:**

做这个活动一定要强调规则意识。

## 案例五:社会领域——社会规范认知活动

**实操活动名称:**怎样有礼貌地打扰别人

**实操活动目的:**

(1) 给幼儿有益的学习经验,知道打扰别人做事不好,但有重要的或紧急的事会礼貌地打扰。

(2) 鼓励幼儿和同伴进行互动,交流自己的想法和感受。

(3) 学说短句"对不起,打扰您了,我有重要的事要说"。

**实操活动准备:**

三个情境表演内容。

**实操活动过程:**

1. 认知练习

——小猴子碰到了一个问题,它不知道该怎么办?请小朋友出出主意。

——观看情境一:猴妈和兔妈正在谈话。这时电话响了,小猴子接听后知道是找妈妈的,怎么办呢？妈妈说不让打扰她，该不该传电话呢？

——请小朋友们讨论：是否该打扰大人谈话？怎样打扰才有礼貌？

——观看情境二：猴妈正在睡觉，查煤气的来了，小猴该不该叫醒妈妈呢？

——请小朋友们讨论：该不该叫醒妈妈，怎样叫醒才有礼貌？

——观看情境三：老师正低头替小朋友准备教具，小猴(小朋友扮演)肚子有些痛。

——请小朋友们讨论：小猴该不该在老师最忙的时候去找老师说话？有重要的事怎样说才有礼貌？

——小结：上述情况，让幼儿懂得在有紧急和重要的事需要打扰别人时，要用礼貌的方式打扰，不要引起别人的反感。

——学说句式"对不起，打扰您了，我有重要的事要说"。鼓励幼儿学会在生活中运用。

2. 比对练习

——有紧急和重要的事需要打扰别人时，该怎么打扰？

——请你说一句用礼貌方式打扰的话。

3. 确认练习

——幼儿参与观看情境表演：老师正低头替小朋友准备教具，小猴(小朋友扮演)肚子痛。

——请小朋友讨论：小猴该不该在老师最忙的时候去找老师说话？有重要的事怎样说才有礼貌？

——请小朋友扮演小猴来作答"对不起老师，打扰您了，我有重要事说，我的肚子很痛"。

**实操活动注意事项：**

(1) 社会规范认知活动需要建立在认知的基础上，还要进行操练。

(2) 该操作活动适合在中班进行，大班可以在这些内容上加以扩展。

(3) 注意少说教，融入情境表演进行行为练习效果较好。

## 案例六：社会领域——多元文化教育活动

**实操活动名称：** 认识温州地图

**实操活动目的：**

(1) 认识温州地图，知道温州由哪几个县市组成。

(2) 让幼儿学习自己动手将温州地图拼好。

(3) 喜欢了解地图。

**实操活动准备：**

温州地图拼图，对照图一张。

**实操活动过程：**

1. 认知练习

——小朋友们！我们今天操作练习的内容是拼温州地图。

——我们先将放着温州地图拼图的托盘端过来。

——首先我们来看一下整个温州地图，由哪几个县市组成，有永嘉县、苍南县、泰顺县、洞头县、文成县、平阳县、乐清市、瑞安市，温州市中心有三个区，分别是鹿城区、瓯海区、龙湾区。老师边说边拿起温州地图一块块地介绍，再放到底板的旁边。

2. 比对练习

——（老师指着说明图）你能告诉我泰顺县是哪一块？请你找出来，看看是不是一样的？

——接下来我们把一个个县市都找出来，先沿边缘拼一下形状再放到底板里。

3. 确认练习

——小朋友们，接下来我们把一个个县市放回到地图中，边放边说，先拼总地图的轮廓再拼旁边各个县市的形状，找到相对应的地方将它放入。

——依次摆放，直到完成。

——小朋友们，接下来我们来摸一下这个地图是不是平整的，如果平整的就放对了，那我们就把温州地图拼图放回托盘中，端到玩具架上吧。

——好了，今天我们的操作结束了。

**实操活动说明：**

（1）小班、中班、大班的难度区别体现在一次性比对上，确认的数量要从三个增加到六个再增加到十个。

（2）教师要准备好相应的拼图玩具和对照表。

（3）如果幼儿人数较多，就要专门制作一套大型的教具供教师使用。幼儿有若干个小型的玩具。比对练习只能请个别幼儿做，确认练习可以全班幼儿同时做。

（4）社会教育领域的教学难免说教，此操作活动减少了说教，增加了幼儿操作练习，可以直观地感受到自己的家乡是怎么样的。在此基础上可以从温州扩大到浙江、中国、亚洲、整个世界的版图。

（5）此操作活动融合了科学、社会、艺术等领域的内容。

(本方案由温州大学 2011 学前专 1 班王嫱提供)

## 第四节　学前儿童健康教育活动的设计和实操练习

《纲要》中指出："健康活动能增强幼儿体质，培养健康生活的态度和行为习惯。幼儿园必须把保护幼儿的生命安全和促进幼儿的健康发展放在工作的首位。"其目标一是适应幼儿园的生活，情绪稳定；二是生活、卫生习惯良好，有基本的生活自理能力；三是有初步的安全和健康知识，知道关心和保护自己；四是喜欢参加体育活动。

《指南》作出了更为具体的表述。在身心状况方面的目标：一是情绪安定愉快；二是具有健康的体态；三是具有一定的适应能力。在动作发展方面的目标：一是具有一定的力量和耐力；二是具有一定的平衡能力，动作协调、灵敏；三是手的动作灵活协调。在生活习惯与生活能力方面的目标：一是具有良好的生活与卫生习惯；二是具有基本的生活自理能力；三是具备基本的安全知识和自我保护能力。

# 一、学前儿童健康教育活动的意义、特点和类型

## (一)学前儿童健康教育活动的意义

### 1. 学前儿童健康教育是学前儿童一生健康生活的基础

在学前期，孩子身体的器官、系统的发育和功能尚未完善，自我保护意识较弱，对疾病的抵抗能力较弱，对环境的适应能力较差，容易受到伤害。因此，适当的健康教育、力所能及的健康活动，有利于学前儿童的健康成长。

学前儿童健康教育是终身健康教育的基础阶段，学前儿童时期的健康不仅能提高学前儿童的生命质量，而且可以为其一生的健康奠定基础。

### 2. 学前儿童健康教育是全面素质教育的重要组成部分

学前儿童的全面素质教育包括身心健康、智能、品德和审美等素质的教育。学前儿童健康教育在促进学前儿童身心健康发展的同时，还能促进学前儿童其他方面的发展，如学前儿童学习体操，不仅能锻炼身体，还能学习与同伴之间的相处，能欣赏美的音乐和美的动作等，这些都有利于学前儿童素质的全面发展。

### 3. 学前儿童的身心健康是国家民族发展的需要

《中共中央国务院关于深化教育改革全面推进素质教育的决定》指出："健康的体魄是青少年为祖国和人民服务的基本前提，是中华民族旺盛生命力的体现。"学前儿童的健康是提高人口素质、民族素质的重要保证。只有个体的身心健康，才能促进整个国家、整个民族的强大和繁荣。

## (二)学前儿童健康教育活动的特点

### 1. 学前儿童健康教育具有日常性

学前儿童健康教育的日常性是指学前儿童的健康活动应该合理安排在幼儿的每日生活的各个环节中。《纲要》中明确规定:"幼儿每日户外体育活动不得少于一小时,幼儿教师必须让幼儿在户外进行各种体育活动,使他们的身体得到锻炼。"根据《纲要》的精神,幼儿园的健康教育活动要合理地分布在一日生活的各个环节中,如晨间户外活动、专门的体育课、课间自由活动及起床后的体育游戏活动等。

### 2. 学前儿童健康教育具有适量性

学前儿童健康教育的适量性是指幼儿体育活动中的运动负荷(运动量)要按幼儿的生理、心理特点进行设计。因为人体功能的改善,必须在适当的运动负荷的刺激下才能实现。因此,幼儿园要合理分配活动的时间和密度。其基本的原则是"强度小,密度大,时间短,节奏快",保持合理的负荷。教师在组织实施学前儿童健康教育活动时要注意练习时间与练习次数的合理安排,一次练习时间不宜过长,而练习次数可以根据需要作相应的调整。活动中,教师既要用灵活多变的方法手段激励幼儿保持活动兴趣,又要掌握幼儿身体运动的规律和个别差异性,及时地加以调整。同时教师要注意幼儿活动与休息适当交替,做到一日生活的动静交替和一次体育活动的动静交替。另外,在活动内容和强度上也要注意合理安排,主要在体育活动的内容与器械的可操作性、趣味性上下功夫,使活动丰富多彩,具有强大的吸引力,使学前儿童愿意参与,使学前儿童通过体育活动能够真正得到锻炼。

### 3. 学前儿童健康教育具有多样性

学前儿童健康教育的多样性是指学前儿童健康教育的组织形式是多种多样的,选用的指导方法也是丰富多彩的,有集体健康教育活动、个人自由体育活动、亲子体育游戏等,目的是完成健康教育活动任务和激发幼儿参加健康教育活动的兴趣。

## (三)学前儿童健康教育活动的类型

学前儿童健康教育活动的种类很多,如早操、体育课、户外体育活动、区域活动、室内活动、体育游戏、小型运动会、远足、短途旅行等,一般可分为集体合作型和个别自主型以及室内型和室外型等。本节重点讲述在教师指导下的集体合作型健康教育活动,按照内容来分,可分为基本动作练习活动、基本体操练习活动、生活自理能力训练活动、保护自己能力训练活动等。

## 二、学前儿童健康教育活动中幼儿教师的学习目标和实践操作目标

(1) 针对学前儿童动作技能形成的规律和人体生理机能活动变化的规律,选择合适的学前儿童健康教育的内容、方法、途径。

不同时期的幼儿可以完成一些相应的活动。3～4岁:能用交替步下楼梯,能单脚跳着走,能从15～25厘米的高度往下跳,能双脚立定跳远,能灵活投球,会翻跟头。4～5岁:两脚能轮换着轻轻地跳着走,能在短时间内闭目单脚站立,能从30厘米的高处往下跳。5～6岁:能助跑跳过不少于50厘米的宽度,能绕弯跑步,能单脚跳着走,能接球。幼儿运动技能随着年龄的增长而提高,身体活动速度、灵活性、柔韧性、目测力、平衡能力、力量和耐力等也有不同程度的发展。

人体生理机能活动的变化规律是指在进行身体练习的过程中,人体工作能力变化的必然趋势。即开始时,机能活动能力逐渐上升,继而达到并在一定时间内保持最高水平,最后又逐渐下降。儿童机能活动的特点,一般为工作能力上升时间短而快,最高阶段延续时间较短,变化的幅度小(即承担负荷剧烈变化的能力较低)。

(2) 学会确定学前儿童健康教育实践操作目标。

(3) 学会选择适合学前儿童健康教育内容的动漫教学元素及其他的操作教玩具。

(4) 健康教育活动时操作教玩具要特别注重安全性。

## 三、学前儿童健康教育活动的实践操作任务

(1) 通过实践操作练习活动,让幼儿掌握各种基本动作的要领,学会适合幼儿的徒手体操和轻器械体操,具备基本的生活自理能力,具备基本的安全知识和自我保护能力。学习用动作和肢体语言表达自己的情绪、心情。

(2) 针对不同的内容,设计不同的学前教育健康教学操作活动步骤,完成相应的任务。

(3) 针对幼儿学习的步骤完成指导任务。指导的方向要明确到位。

(4) 重视学前儿童健康教育活动的实践操作环境的创设。

合理地布置场地,加强安全检查,消除不安全因素,如注意器材的牢固性、摆放的间距等,避免幼儿活动时产生拥挤、碰撞等意外事件。在锻炼某项基本动作或技能时,一般要事先做好有关的准备活动,以防幼儿的肌体受挫伤。

研究表明,在体育活动中,人的注意力较集中、记忆力增强、思维活跃,有利于学习。

所以教师可以有意识地设置体育情境，诱导幼儿按照特有的设计完成任务，掌握其学习内容，或利用多种教育手段，让孩子了解体育知识，提高身体机能。在这些体育活动中，教师要以欣赏的态度来对待孩子的点滴进步，及时给予鼓励，如可以设置一些奖项，及时反馈给家长等。

## 四、学前儿童健康教育活动的实践操作指导要求

### (一)建立良好的师生关系，教师必须积极参与学前儿童健康教育活动

教师以积极饱满的热情作为一个游戏伙伴参与到活动过程中，可以使幼儿感觉亲切，建立良好的师生、同伴关系，让幼儿体验到幼儿园生活的愉快，形成安全感、信赖感，做游戏时更加勇敢，表现更积极；同时教师参与过程中的积极示范，也可以使幼儿迅速掌握体育活动要领，减弱受挫情绪；并且有利于教师随时了解每个幼儿在游戏中的情绪变化、呼吸状况，从而把握活动的强度，并随时作出调整。

### (二)将游戏的形式贯穿整个健康活动过程

幼儿教师要设计游戏或将游戏的形式贯穿整个健康活动过程，使幼儿产生强烈的兴趣和新鲜感，以增强教学的吸引力。教师设计的游戏要尽量体现"新、奇、活"的原则，采用多种多样、生动活泼的形式，如老鹰抓小鸡、开火车等；还可以借助多媒体等辅助设备使幼儿兴致盎然、身心愉快。大班幼儿多组织竞争性游戏，树立竞赛意识是体育活动最大的特点，能激发幼儿斗志，激励幼儿不怕困难、争取胜利的向上的精神，也可以调动幼儿参与的热情，利于提高教学效果。组织游戏时一定要注意设计的比赛要让每个幼儿都有展示自己所长的机会，都有当"第一名"的机会。

开展多种有趣的体育活动，特别是户外的、亲近大自然的活动，培养幼儿积极参加体育锻炼的积极性，并提高其对环境的适应能力。

### (三)指导幼儿学习自我服务技能，培养基本的生活自理能力

帮助幼儿养成良好的饮食、睡眠、盥洗、排泄等个人生活卫生习惯和爱护公共卫生的习惯；指导幼儿学习自我服务技能，培养基本的生活自理能力；密切结合幼儿的生活和活动进行安全、保健等方面的教育，在走、跑、跳、钻、爬、攀等各种体育活动中，发展幼儿动作的协调性、灵活性，以提高幼儿的自我保护能力。

总之，教师应该把保护幼儿的生命安全和促进幼儿的健康发展放在教育工作的首要位置；身体的健康和心理的健康是密切相关的，要高度重视良好人际环境对幼儿身心健康的

重要性；幼儿不是被动的"被保护者"，教师要尊重幼儿不断增强的独立需要，在保育幼儿的同时，帮助他们学习生活自理技能，锻炼自我保护能力；体育活动要尊重幼儿身体生长发育的规律和年龄特征，不进行不适合幼儿的体育活动项目训练。

## 五、学前儿童健康教育活动的实践操作内容举例分析

学前儿童健康教育活动的实践操作内容举例如表 2-4 所示。

表 2-4 学前儿童健康教育活动实践操作内容举例

| | 实践操作种类 | 实操活动名称 |
|---|---|---|
| 学前正规性教学活动——学前儿童健康教育活动 | 基本动作练习 | 玩圈 |
| | 基本体操练习 | 模仿操 |
| | 生活自理能力训练 | 开关瓶盖 |
| | 保护自己 | 不生气 |

### 案例一：健康领域——基本动作练习

**实操活动名称：** 玩圈

**实操活动目的：**

(1) 学习助跑跳，复习单脚跳和双脚跳。

(2) 积极快乐地参与玩圈活动。

(3) 学习自我保护，注意安全。

**实操活动准备：**

准备好平整的场地，画好场地运动用的图，全体幼儿穿上适合开展运动的服装。每位幼儿一个呼啦圈。

**实操活动过程：**

1. 认知练习

——教师讲解：这是一个塑料的呼啦圈，看看老师是怎么玩这个圈的。

——教师演示跳呼啦圈：在场地上画两条线，间隔为 15～20 米，一端为起点，另一端为终点。从起点出发，向前丢一个呼啦圈，然后跳到圈里蹲下，将圈从身体上翻出，再向前丢出圈，再跳进圈内，依次到终点为止。

——跳进圈内可以选择单脚跳，也可以选择双脚跳。

——助跑跳练习，摆好场地，圈之间有 2～4 米，先跑过去，再单脚或双脚跳进和跳出圈，再继续跑，直到跳完所有的圈。

2. 比对练习

——幼儿做单脚跳和双脚跳练习，从圈外跳进或从圈内跳出。

——个人自由丢出圈，练习助跑跳圈，确认动作的正确性。

3. 确认练习

——用圈摆出不同的图形——O——O——O——进行游戏。

——跑过去，双脚跳入圈中，跳出后再跑向第二圈，并继续向前跳，直到跳完为止。

**实操活动注意事项：**

(1) 建议在中班进行，这项活动的强度较大，玩的时间不宜过长。

(2) 小班以学习基本的动作为主。

(3) 大班以活动形式的变化为主。

(参考资料：新世纪课程委员会. 新世纪课程——生活课程. 珠海：珠海出版社，1998)

## 案例二：健康领域——基本体操练习

**实操活动名称：** 模仿操

**实操活动目的：**

(1) 学习体操动作，学习初步的队形变化。

(2) 通过初步的形体训练，激发幼儿快乐的情绪。

**实操活动准备：**

(1) 要有一块场地，能容纳全班幼儿同时站立，且前后左右各有一只手臂长的距离。

(2) 有音响设备，能播放体操背景音乐。

**实操活动过程：**

1. 认知练习

——教师富有朝气地从头到尾做一遍模仿操，动作到位，表情生动，充满力量。配上音乐。

——重点示范第一节、第二节，放慢速度，边做边讲解边喊口令。

——第一节：小鸭走。①～②两脚站成大八字步，半蹲，双手在体侧；五指翘起，手腕下压，原地学鸭子一摇一摆地走两步。

——③～④模仿小鸭的叫声，同时屈膝，臀部后撅两次，两臂在体侧后划两次。

——⑤～⑧同③～④。

——第二节：小鸭抖翅膀。①～②两臂胸前屈肘，五指张开，胳膊肘架起，随着节拍肘部上抬、下压各一次，同时向左扭胯，重心在左脚，右脚跟抬起。

——③~④手臂姿势同①~②，扭胯时脚的重心相反。

——⑤~⑧同①~④。

2. 比对练习

——提问：这像谁呀？在做什么动作？

——提问：看看老师做的动作，哪一个是小鸭走路的动作？哪一个是小鸭抖翅膀的动作？

3. 确认练习

——幼儿跟着老师练习小鸭走路和小鸭抖翅膀的动作。

——跟随音乐的节奏，幼儿自己随意练习动作。

——按照幼儿的意愿，请个别幼儿在大家面前做练习、表演。

**实操活动注意事项：**

(1) 该内容建议在小班进行，注意循序渐进、逐渐渗透，每次不超过两节。

(2) 中班如果做模仿操，可增加两两合作或集体摆造型的内容。

(3) 大班不建议做模仿操。

(参考资料：新世纪课程委员会. 新世纪课程——生活课程. 珠海：珠海出版社, 1998)

### 案例三：健康领域——生活自理能力训练

**实操活动名称：** 开关瓶盖

**实操活动目的：**

(1) 让幼儿了解不同的开关瓶盖的方式。

(2) 让幼儿学会两种不同的开关瓶盖的方式(拧开、翻开)，掌握其中的技巧。

**实操活动准备：**

需要利用拧开瓶盖方法打开的瓶子三个；需要利用翻开瓶盖方法打开的瓶子三个；一个托盘用来收纳这些物品。

**实操活动过程：**

1. 认知练习

——邀请幼儿：某某小朋友请你和我来做一项新工作好吗？老师和幼儿一起走到工作台前。

——老师向幼儿介绍工作名称：我们今天来学习一个本领——开关瓶盖，请你去拿托盘。

——幼儿拿托盘，两手的三指握住托盘的边缘，手臂与身体成90°角，并贴住身体。

——幼儿和老师走到桌前，幼儿把托盘放在桌上。

——幼儿和老师各自双手扶住椅背，提起椅子，倒退一步左右。

——轻轻放下后边靠脚的椅子腿,再轻轻放下前边的椅子腿。

——走到椅子前,老师和幼儿一起坐下。

——老师示范,将托盘中的瓶子按类别依次拿到桌上。

——第一种开关瓶子的方法:左手拿起瓶子,用右手的三指捏住瓶盖往右拧开,再将瓶盖轻轻地放在瓶子的旁边。

——第二种开关瓶子的方法:左手拿起瓶子,用右手的大拇指扣住瓶盖口,向外翻开,再将瓶盖轻轻地放在瓶子的旁边。

——老师全部示范完毕,接着再一一关上瓶盖。

2. 比对练习

——教师指着桌上的瓶子,问:请你告诉我,需要利用拧开瓶盖方法打开的瓶子是哪几个?需要利用翻开瓶盖方法打开的瓶子又是哪几个?

——教师做拧开瓶盖的动作,问:我在做拧开瓶盖的动作还是翻开瓶盖的动作?

——请你将翻开瓶盖的动作做一次。

3. 确认练习

——请幼儿自己做一次,将所有的瓶盖都一一打开。

——幼儿练习拧开瓶盖的动作,每人三次。

——幼儿练习翻开瓶盖的动作,每人三次。

——幼儿全部练习完毕,接着再一一关上瓶盖。

——做完以后请幼儿将瓶子按照类别一一放回托盘。

——幼儿和老师站起来。

——幼儿和老师双手扶住椅背,提起椅子,把椅子轻轻地放进桌子下面。

——幼儿双手三指握住托盘的边缘,手臂与身体成90°角,并贴住身体。

——幼儿走到工作台前,把托盘放回原位。

**实操活动注意事项:**

(1) 该活动建议在小班进行,练习幼儿小肌肉群的运动能力及生活自理能力。

(2) 中班如果采用该活动内容,必须增加瓶子的种类,并且要增加语言表述的要求。例如,用右手的大拇指扣住瓶盖口,向外翻开,再将瓶盖轻轻地放在瓶子的旁边。

(3) 大班所用瓶子的种类更多,可以延伸到家庭中,请家长帮忙一起寻找不同瓶盖的瓶子,同时还要增加表述要求,如为什么要这样设计等。

(本方案由温州大学11学前专3班程云云提供)

#### 案例四：健康领域——保护自己

**实操活动名称：** 不生气

**实操活动目的：**

(1) 懂得保持愉快的情绪，这有助于身体健康。

(2) 讨论确定让自己不生气的办法，生气时是怎么处理的。

**实操活动准备：**

男孩木偶、女孩木偶各若干。

**实操活动过程：**

1. 认知练习

——引导幼儿看木偶表演。

——教师用木偶表演讲述小女孩芳芳爱生气的事。

——内容概要：芳芳是个爱生气的小姑娘，碰到一点不顺心的事就会不高兴。下雨了，妈妈没给她穿新鞋子，她生气了；玩娃娃家游戏时，没让她扮演"妈妈"这个角色，芳芳又生气了，不和小朋友说话；下棋时芳芳输了，嘴巴噘得高高的，又生气了。小朋友们都不愿意和她一起玩，游戏时她孤单单的一个人，真没劲。

2. 比对练习

——碰到什么事情芳芳生气了，不高兴了？(教师做相应的木偶表演动作)

——芳芳爱生气有什么不好？(教师做相应的木偶表演动作)

3. 确认练习

——幼儿讨论自己有哪些生气的事情，做了什么动作，结果怎么样。

——给幼儿提供男女孩木偶，以小组为单位，进行简单的木偶表演。

**实操活动注意事项：**

(1) 该内容建议在中班来开展，因为中班孩子合作活动频率提高了。

(2) 大班的目标侧重点应该在于懂得关心、帮助他人，与他人共享，能使自己获得快乐。

(3) 小班的目标侧重点在于懂得保护自己。

(参考资料：新世纪课程委员会. 新世纪课程——生活课程. 珠海：珠海出版社，1998)

## 第五节　学前儿童数学教育活动的设计和实操练习

《指南》指出数学认知方面的目标：一是初步感知生活中数学的有用和有趣；二是感知和理解数、量及数量关系；三是感知形状与空间关系。

学前儿童学习数学，不仅对学前阶段的发展，而且对他们今后的学习，乃至一生的发展，都有重要意义。早期数学教育的重要价值在于培养儿童基本的数学素养，包括对数学活动的兴趣、主动学习数学和运用数学的态度等。

## 一、学前儿童数学教育活动的意义、特点和类型

### (一)学前儿童数学教育活动的意义

#### 1. 学前儿童数学教育活动有助于幼儿对生活环境和周围世界的正确认识

幼儿周围生活环境中形形色色的物体都表现为一定的数量、一定的形状，大小也各不相同，并以一定的空间形式存在着。因此，幼儿从出生之日起，就不可避免地要和数学打交道。教幼儿掌握一些简单的数学初步知识和技能，能使他们更好地认识客观事物、与人们交往、解决生活中遇到的一些问题。例如，在生活中，他们要用词汇"大小"来判别、表示和索取物体。"我要大的！"幼儿总是喜欢这样来表示他们的愿望。"请玲玲给妈妈搬个圆凳子！"幼儿需要具备简单的图形知识才能完成任务。在认识自然界多种多样的现象和事物时，总是要和数、形知识的获得和运用结合在一起，才能达到客观而准确地认识事物的目的。例如，认识小白兔的外形特征离不开必要的数学知识，幼儿必须知道小白兔有两只长长的耳朵、两只红眼睛、三瓣嘴、四条腿，还有一条短尾巴。这里一、二、三、四都包括在内了。又如，早操儿歌"早早起，做早操，伸伸腿，弯弯腰，两手向上举，还要跳一跳"，其中包含了对时间(早上)、数(两手)、空间定向(向上)等方面的简单数学知识。所以对幼儿进行基础数学教育既是儿童生活的需要，又是认识事物的要求。

#### 2. 学前儿童数学教育能增进幼儿个人的文化素养

数学历来是小学和中学的一门主要基础课程，对幼儿园来讲也是一门工具课程。近几年，为适应世界科学技术发展和竞争的需要，出现了世界范围的"新数学教育"改革运动。

#### 3. 学前儿童数学教育能为幼儿在小学学习数学创造有利条件

学前儿童在入学前进行数学的启蒙教育，将有利于儿童顺利地在小学学习数学，并提高数学学习的水平。

在比利时有人研究发现，对幼儿园的孩子，若从一入园就给予数学学习方面的条件，进行一些初步的数学训练，那么到十三四岁时，他们的数学成绩比未经过幼儿期训练的同龄人要好一些。

## (二)学前儿童数学教育活动的特点

### 1. 生活性

这一特点是指在日常生活中的各种活动，都是对幼儿进行数学教育十分重要的途径。儿童是在各种各样的活动过程中了解周围世界的，他们很早就开始按大小、颜色、形状、空间位置和其他特征来区分物体，认识周围世界的基本结构与秩序。幼儿生活的现实环境中充满了数、量、形的有关知识和内容。教师要善于利用这些教育资源，引导幼儿了解数学与生活的关系，懂得数学在社会生活中的价值。例如，孩子们发现车胎是圆的，很多房子的屋顶是斜的，门窗是方的；幼儿园的玩具形状、颜色、大小不同；动物园里的各种动物有多有少；上下楼梯时数一数阶梯；进餐时将碗和勺一一对应；整理玩具时可按形状、颜色分类；散步时可说说花草的数目、形状、颜色；户外活动时可说说自己所在的位置等。幼儿在轻松自然的生活情境中获得了数学知识和经验，增强了求知欲和学习兴趣。

### 2. 游戏性

游戏是幼儿最喜爱的基本活动，也是幼儿数学教育的有效手段。把抽象的数学知识与有趣的游戏紧密结合起来，能够使幼儿自发地应用数学知识，获得有益的数学经验。例如，积木游戏包括空间关系、几何形体、测量等数学知识，同时与分类、排序、数量的比较等相联系。幼儿在搭建积木的过程中，能获得数、形的经验和知识。玩沙玩水游戏也是幼儿十分喜爱的游戏。幼儿通过用各种形状的容器盛装沙和水，可以感知容量守恒。沙子和水混合后还可垒成多种立体模型，使幼儿感受不同的空间形式。在各种角色游戏中，更有大量学习数学的机会。例如，在商店游戏中，幼儿可以将商品分类摆放，并在买卖过程中学习数的加减运算。其他如抢椅子游戏、扑克牌游戏等，可使幼儿比较10以内数的多少、大小，学习数的组成、加减和序数等知识。在游戏中，幼儿能在愉快的体验中获得数、形的经验和知识，形成初步的数学概念。(玩手指游戏，边玩边数边比：一二三四五，六七八九十，十个好朋友，花样变不完。伸出大拇指，我俩一样粗；伸出小拇指，你俩一样小；伸出一只手，中指最最高；伸出两只手，十指排排队。)

### 3. 渗透性

各领域的教育内容虽然研究的对象不同，但都包含着一定的关于数量关系和空间形式的内容。数学教育渗透于其他教育活动内容中，所以巩固、加深、补充数学概念，能使数学学习更为有效。因此，教师在完成各领域教育任务的同时，应有意识地渗透有关数学教育内容。例如，在绘画、泥工活动中，幼儿可以获得有关空间、形状、对称以及体积、重量等感性经验。在体育活动中，幼儿有更多的机会形成空间方位意识。在科学教育中，幼儿可以自然地运用测量、数数等方法发现物体之间的数量关系和空间关系，提高数学的应用意识，发展分析问题、解决问题的能力。在艺术欣赏活动中，我们可以让孩子欣赏自然界中蕴含数学美的物体，如花朵、蝴蝶、贝壳、蜂房、各类植物的叶子、向日葵花盘等，使幼儿感受排列形式上的秩序美与和谐美，感受数学的魅力。

### (三)学前儿童数学教育活动的类型

学前儿童数学教育活动的类型有很多，根据活动的形式可分为正式的数学教育活动、非正式的数学教育活动及渗透性的数学教育活动。本节主要讲述集体型正式的数学教育活动，它是教师有目的、有计划地组织全体幼儿，通过他们自身的参与，掌握初步概念并发展其思维的一种专项活动；是向幼儿进行数学教育的主要活动形式。它根据具体的内容可分为有关数的学习活动、有关形的学习活动、有关几何形体的学习活动、有关量的学习活动、有关时间的学习活动、有关空间的学习活动等。

## 二、学前儿童数学教育活动中幼儿教师的学习目标及实践操作目标

(1) 针对学习对象选择合适的学前儿童数学教育内容、方法、途径。掌握在实践操作中所运用的各种形式的组织方法和手段。

(2) 能独立思考，学会确定学前儿童数学教育实践操作目标。

(3) 学会选择适合学前儿童数学教育内容的动漫教学元素及其他的操作教玩具。

## 三、学前儿童数学教育活动的实践操作任务

(1) 通过实践操作练习活动，使幼儿掌握初步的数的概念、掌握10以内的加减运算、帮助幼儿形成空间和时间概念等。

(2) 针对不同的学前教育数学教学步骤完成相应的示范、讲解任务。

(3) 针对幼儿学习的步骤完成指导的任务。

(4) 为幼儿准备的数学操作用具一定要数量足够、实用、操作方便。

## 四、学前儿童数学教育活动的实践操作指导要求

(1) 感受数学美，使儿童"亲近数学""喜欢数学"，培养幼儿对数学的兴趣和探

究欲。

(2) 渗透数形结合，变"抽象数学"为"形象数学"。

(3) 发展幼儿初步的逻辑思维能力和解决问题的能力。

(4) 促进幼儿对粗浅数学知识和概念的理解。

## 五、学前儿童数学教育活动的实践操作内容举例分析

学前儿童教学教育活动的实践操作内容举例如表 2-5 所示。

表 2-5　学前儿童数学教育活动的实践操作内容举例

|  | 实践操作种类 | 实操活动名称 |
| --- | --- | --- |
| 学前正规性教学活动——学前儿童数学教育活动 | 有关数的学习活动 | 3 以内的数，7 以内的数的加减 |
|  | 有关形的学习活动 | 认识梯形 |
|  | 有关几何体的学习活动 | 认识圆柱体 |
|  | 有关量的学习活动 | 比较大中小 |
|  | 有关时间的学习活动 | 认识星期 |
|  | 有关空间的学习活动 | 认识上下方位 |

### 案例一：数学领域——有关数的学习活动

**实操活动一名称：** 3 以内的数

**实操活动目的：**

(1) 学习在两组物体中运用重叠或并排摆放的方法，一一对应比较物体的多、少。

(2) 初步学习手口一致地数 3 以内的实物，学会从左到右排列实物和用右手指点数。

(3) 体验念数字的乐趣。

**实操活动准备：**

图片两张(一张上有两只猫和两只老鼠，另一张上有三只猫和两只老鼠)；单个实物图片(有三只老鼠、三个图形娃娃、一个黑猫警长头饰、每个幼儿三条鱼)；幼儿操作背景图片若干(上有猫警士一个或两个或三个)。

**实操活动过程：**

1. 认知练习

——出示两只猫和两只老鼠的图片，领幼儿数一数有几只猫，捉到了几只老鼠，猫和老鼠谁多谁少。(引导幼儿用重叠或并排摆放的方法比多少)

——出示三只猫和两只鼠的图片，带领幼儿数一数有几只猫，几只老鼠，猫和老鼠谁多

谁少，并引导幼儿想办法使猫和老鼠的数量变成一样多。

——小猫捉老鼠真辛苦，它们的肚子饿了，请幼儿拿鱼给它们吃，每只猫只吃一条鱼，来了几只猫，就拿几条鱼给它们吃。

——教师分别出示一只猫、两只猫、三只猫，请幼儿拿出相应的一条鱼、两条鱼、三条鱼，并检查对错。

2. 比对练习

——来了几只猫？数一数，说出总数，三只。

——捉到了几只老鼠？数一数，说出总数，三只。

——给小猫几条鱼？数一数，说出总数，三条。

3. 确认练习

——消灭老鼠游戏。

——先看图形娃娃的家中来了多少只老鼠，来一只就打一枪(幼儿用手指模仿枪的形状，用嘴巴发出声音"砰"模仿枪声)，来两只就打两枪，来三只就打三枪。看谁能及时开枪，准确射击，消灭老鼠。

**实操活动注意事项：**

(1) 数和形是身边常见的事物，也是小班教学内容的重要组成部分。因此，可以根据幼儿学习数学的特点(在玩玩乐乐、拼拼摆摆中学习)，以形象生动、深受幼儿喜欢的"黑猫警长带领猫警士捉老鼠"为游戏情节，设计此活动。

(2) 让幼儿在游戏中运用重叠或并排摆放的方法一一对应地比较出两组物体的多、少，以及手口一致点数 3 以内的事物。

(3) 点数 3 以内的事物是幼儿理解数的概念的基础，一定要注意让幼儿做到手口一致点数，并说出总数。

**实操活动二名称：** 7 以内的数的加减

**实操活动目的：**

(1) 学习 7 的加减，并进行 7 以内数的加减运算。

(2) 进一步巩固对加减法算式及其含义的理解。

(3) 爱动脑筋，能积极参与加减运算活动。

**实操活动准备：**

(1) 趣味练习：加减法算式。

(2) 教具图片，《幼儿用书》，幼儿人手一支笔。

**实操活动过程:**

1. 认知练习

——教师:小猴子们旅行回来了,我们去看看它们吧。

——(出示图片)小猴在哪里?它们都在干什么?

——请幼儿说一说每个小猴子的位置,以及它们正在做什么。

教师:你能用一道算式来表示吗?引导幼儿列加法或减法算式,并说一说每个数字表示什么意思。例如,"1+6=7"表示1只小猴子和6只大猴子合起来是7只猴子。再如,"7-1=6"表示7只猴子中,有一只小猴子,剩下的都是大猴子。

——继续启发幼儿思考:你还能列出和刚才不一样的算式吗?

2. 比对练习

——1+4=5中的1是什么意思?

——4又是什么意思?

——5又是什么意思?

——"+"是什么意思?

——"="是什么意思?

——算式怎么念?"1+4=5"念作"1加4等于5"。

3. 确认练习

——看图按特征标记列算式。请幼儿观察画面上的实物有多少,它们的颜色和其他特征是怎样的,然后列出7的第一组加法或减法算式。

——观察连续的三幅图,讲述图片的含义,列出加减算式。

——带领幼儿分别打开《幼儿用书》第12~13页,引导幼儿练习7的第二组、第三组加减运算。(也可采用分组练习的方式,本活动只完成一页练习,其他练习放在日常生活或区域活动中做。)

**实操活动注意事项:**

(1) 请幼儿参加"看特征列算式"的活动,鼓励幼儿说出每道算式的意思。

(2) 帮助幼儿理解加减法的含义。

### 案例二:数学领域——有关形的学习活动

**实操活动名称:** 认识梯形(中班数学)

**实操活动目的:**

(1) 引导幼儿通过操作学习认识梯形。掌握基本特征,并能根据特征找出梯形。

(2) 发展幼儿观察、比较、抽象概括的能力。

(3) 体验参与活动的乐趣，引起幼儿的学习兴趣。

**实操活动准备：**

(1) 课件：幻灯片两张，小熊图片一张。

(2) 每人一张红色的长方形纸和一张黄色的梯形纸，一根小棍，图形纸每人一张(印有各种物体)。

**实操活动过程：**

1. 认知练习

——了解梯形的概念：有四条边、四个角，只有一组对边是平行的，而且不一样长。这样的图形我们就叫它梯形。

——理解什么是平行。两只小猫跑步比赛，因为两只小猫跑的时候是一直沿着自己的这条直线跑道往前跑，这两条跑道是平行的，所以它们永远碰不到一起。

2. 比对练习

——什么是梯形？

——梯形和长方形有什么不同？

——你平时在哪里看到过梯形？什么物体上面有梯形？

3. 确认练习

——给每个幼儿准备两张图形纸——梯形和长方形。

——观察比较后得出结论如下。

相同点：都有四条边、四个角。

不同点：长方形的两条对边平行而且一样长，四个角一样大。梯形的上下两条边是平行的，但是不一样长，另两条边是斜的。

——请幼儿根据老师的讲解再次操作感知。提醒幼儿用小棍量一量、比一比，验证老师告知的结果。再次告诉幼儿，如果上下两条边之间的距离一样长，我们说这两条边是平行的。

——巩固认识梯形，(出示图形)引导幼儿观察比较后说出图形的名称，并说明理由。

——幼儿涂色：请幼儿将图中的梯形涂上喜欢的颜色。

**实操活动注意事项：**

教师在讲解时要有一个明确的观念，注意形和体的关系。

### 案例三：数学领域——有关几何体的学习活动

**实操活动名称：** 认识圆柱体(大班)

**实操活动目的：**

(1) 认识球体、圆柱体，辨别二者的异同。

(2) 学习制作球体、圆柱体，建构球体、圆柱体组合物体。

(3) 通过摸、量、滚、做等活动，培养幼儿观察、比较、想象、分析、综合等能力和动手操作的技能。

(4) 培养幼儿探索的兴趣，发展他们的创造能力和思维能力。

**实操活动准备：**

(1) 准备各种圆球，如小皮球、篮球、足球、乒乓球、玻璃球、铅球、塑料球等。

(2) 准备圆柱体玩具若干，如积木、积塑、小棍棒、未用过的铅笔、万花筒等。

(3) 收集各种球体、圆柱体包装，如足球、冰激凌盒、小药丸盒、易拉罐、麦乳精罐等。

(4) 准备一些挂历纸、白板纸、橡皮泥、直尺、胶带、线、剪刀、糨糊。

**实操活动过程：**

1. 认知练习

——引导幼儿了解有趣的圆柱体。

——请幼儿用线、直尺、小手分别量一量未用过的铅笔、小棍棒、万花筒等，看看两头圆的大小、两圆之间的距离，并说说发现了什么。

——请幼儿滚一滚易拉罐、麦乳精罐等，说说它们是向什么方向滚动的。

——请幼儿将圆柱体积木、积塑、小棍棒按高矮、粗细的顺序分别排一排，看看它们像什么。

——教师小结：测量时，两头各有一个一样大的圆，两圆间的垂直距离一样长；滚动时只能向相反的两个方向滚动；竖着排列，看起来像柱子，这就是圆柱体。

2. 比对练习

——展示多种立体模型，有球体、正方体、长方体、圆柱体、圆锥体等，请幼儿判断一下，哪个是圆柱体。

——圆柱体有什么特征？

3. 确认练习

—— 请幼儿想一想，在幼儿园、家里或其他公共场所，有哪些东西是圆柱体，分别说一说它们的名称和作用。

——给幼儿提供白板纸、挂历纸、橡皮泥等制作材料，让他们进行手工制作。

——对能力稍弱的幼儿，教师可以帮助他们完成。对能力强的、大胆创新的幼儿，可以给予他们鼓励和肯定，并为他们提供条件，使其完成作品，幼儿可以独立完成任务，也可以小组合作完成任务。

——作品展览。让幼儿欣赏自己和同伴的佳作，体验成功带来的快乐。

**实操活动注意事项：**

(1) 为幼儿提供一定的活动场所。

(2) 引导幼儿先将自制的作品、收集的玩具和废旧物品按球体、圆柱体两大特征进行分类；再按商品的种类(如食品、玩具、日用品)进行二次分类。

(3) 陈列货架，布置环境。幼儿按标记摆放商品。

(4) 开展创造性游戏"商品展销会"。要求幼儿在展销过程中，说出各种商品的名称、外形特征。

### 案例四：数学领域——有关量的学习活动

**实操活动名称：** 比较大、中、小

**实操活动目的：**

(1) 通过操作活动，让幼儿掌握大、中、小的区别。

(2) 在探索活动中，让幼儿初步感知并理解物体大小比较的相对性含义。

(3) 培养幼儿的动手操作能力和口语表达能力。

**实操活动准备：**

每位幼儿三块圆形饼干(大、中、小)并放在盘中，三个大小不一的水壶，多媒体课件。

**实操活动过程：**

1. 认知练习

——观看多媒体课件。教师提问，讲解。

——看，这是谁来了？大象爸爸。

——又来了一只大象，是大象妈妈。

——比一比，谁的个头大？大象爸爸的个头大，大象妈妈的个头小。

——小象努努在哪儿？来了，现在比一比，谁的个头大？谁的个头小？

——大象爸爸的个头大，大象妈妈的个头比较大，小象努努个头小。

2. 比对练习

——刚才我们给谁比个头大小？

——个头最小的是谁？个头最大的是谁？比较大的又是谁？

——说一说，你们谁见过更大的或更小的。

3. 确认练习

——每位幼儿将三块圆形饼干(大、中、小)放入盘中。

——比较一下三块饼干，你发现有什么不一样的？(图案、花纹、厚薄等)

——哪块最大？哪块比较大？哪块最小？

——前面有三个水壶，装着给小朋友们喝的水，看看哪个最大，哪个比较大，哪个最小。

——一会儿小朋友吃点心时自己来倒水。要学习说一说。

——我喝了最大的水壶里的水，是开水。我喝了比较大的水壶里的水，是橘子水。我喝了最小的水壶里的水，是柠檬水。

——我先吃了一片最小的饼干，再吃比较大的和最大的饼干。

**实操活动注意事项：**

(1) 本次活动是根据小班幼儿的思维特点和认知规律，利用生活中常见动物和幼儿吃点心活动作为载体开展粗浅的数学活动。活动来源于生活，幼儿在活动中感到亲切、自然。

(2) 必须通过操作活动，让幼儿掌握大、中、小的区别及相对性含义。

(3) 对于小班幼儿来说，在生活和游戏中进行的有关数学的探索活动容易引起幼儿的兴趣，也更容易掌握要学的内容。因此，隐含在生活和游戏中的数学值得好好开发和利用。

## 案例五：数学领域——有关时间的学习活动

**实操活动名称：** 认识星期

**实操活动目的：**

(1) 复习巩固 1～7 的序数，2～6 的邻数。

(2) 认识时间"星期"，了解其顺序性、周期性，初步形成"星期"的概念。

(3) 激发幼儿对时间的兴趣，使其积极、主动、快乐地参与学习活动。

**实操活动准备：**

教具学具方面：录音机、多媒体计算机各一台，录有童话《星期妈妈和孩子们》的磁带一盒，星期转盘游戏的课件，星期转盘操作材料若干(与幼儿小组数相同)。

幼儿知识经验准备：学习了 7 以内的序数和邻数，通过挂历、台历对"星期"的概念有初步了解。

**实操活动过程：**

1. 认知练习

——复习序数：出示 1～7 数字娃娃(排列无序)，请幼儿帮助数字娃娃按从小到大的顺序排队，并讲出第一、第二……第七各是谁。

——星期妈妈一连生了七个孩子,星期妈妈要为孩子取名字,"梅花、桃花、兰花……唉!不行,不行,这不是同花的名字一样了吗?"

——"聪聪、明明、伶伶、俐俐……哎呀,不行,这不是跟小朋友们的名字一样了吗?"

——突然,她拍着自己的大脑袋自言自语地说:"啊哈!我真糊涂,七个孩子不正好是一天接一天生的吗?就按他们出生的次序排名吧——星期一、星期二、星期三、星期四、星期五、星期六、星期七。"星期妈妈说到最后一个孩子的名字"星期七"时,感到这个太别扭了,她想了一下说一天生一个孩子,一天就是一日,星期七就叫星期日吧。

——星期妈妈按照数字娃娃从小到大的顺序为她的孩子取好了名字。"星期一、星期二、星期三、星期四、星期五、星期六、星期日,真好听。"

2. 比对练习

——星期妈妈一连生了几个孩子?

——星期妈妈给孩子取了什么名字?

3. 确认练习

——出示星期娃娃图片(打乱星期一至星期日的顺序),然后请幼儿回答问题。星期妈妈的第一个孩子是谁?第二个孩子是谁……最后一个孩子是谁?让幼儿帮星期娃娃排队,明确其顺序性。

——转盘游戏。幼儿分成若干组,每组一个星期转盘,一组幼儿轮流转动转盘,同组全体幼儿共同讲述指针所指星期×的两个邻居是星期×和星期×。(意在让幼儿通过实际操作,进一步感受星期的顺序性、周期性,形成星期这一时间概念。)

——角色表演游戏。七名幼儿一组,分别戴上星期娃娃头饰,扮演星期一至星期日七个角色形象,手拉手围成圈,顺时针转动,边转边说"星期一、星期二……星期日,七个娃娃在一起,快快乐乐做游戏,'星期一'你的好朋友是谁呀?我的好朋友是星期二和星期日"。游戏继续。

**实操活动注意事项:**

(1) 游戏贯穿此教学活动始终。开始部分以"数字娃娃排队""数字娃娃找邻居"游戏的形式复习巩固7以内的序数和邻数,激励了幼儿学习的热情,为新知识的讲解做了铺垫。

(2) 星期转盘游戏突破了星期的周期性这一难点。

(3) 教师对活动重点和难点的把握要准。注意顺序性和周期性。

### 案例六:数学领域——有关空间的学习活动

**实操活动名称:** 认识上下方位(小班)

**实操活动目的:**

(1) 区分并说出以自身为中心的上、下方位。

(2) 能正确感知物体与物体之间的上下位置关系。

(3) 发展方位知觉,初步理解方位的相对性。

**实操活动准备:**

毛绒玩具7~8件,分别放于教室内不同物品的上下、前后位置。

**实操活动过程:**

1. 认知练习

——小朋友,今天我们来做一个很有趣的游戏,游戏的规则是以自己的身体为中心,听老师的口令,做相应的动作。

——上面拍拍手(在头顶上面拍手),下面拍拍手(在膝盖处拍手)。

——教师可以根据幼儿的表现适当地增加难度,如上面拍3下,下面拍4下。

——教师讲解上、下:我们头上面的物体,都称为上面的;我们脚下面的物体,都称为下面的。

2. 比对练习

——现在来看看我们的上面有什么(有灯、风扇、屋顶),我们的下面有什么(地面砖)。

——请小朋友想一想,还有什么东西我们虽然看不到,但确实在我们的上面或下面(天上的飞机、楼下的人)。

3. 确认练习

——教师:今天我们教室里有许多毛绒玩具,你们去找一找,它们都在什么位置(请幼儿们寻找,并说出玩具所在的位置)。

——教师指导幼儿将话说完整。例如,小猫在橱柜的上面,小狗在钢琴的下面。

**实操活动注意事项:**

教师对活动情况进行小结,让活动顺利结束。

# 第六节 学前儿童音乐教育活动的设计和实操练习

《纲要》中指出艺术活动能够丰富幼儿的情感,培养初步的感受美、表现美的情趣和能力。目标设定为三个方面:一是能初步感受环境、生活和艺术中的美;二是喜欢艺术活动,能用自己喜欢的方式大胆地表达自己的感受与体验;三是乐于与同伴一起娱乐、表演、创作。

《指南》作了更为具体的表述，在感受与欣赏方面目标设定了两个方面：一是喜欢欣赏多种多样的艺术形式和作品；二是喜欢自然界与生活中美的事物。在表现与创造方面目标有两个：一是喜欢进行艺术活动并大胆地表现；二是具有初步的艺术表现与创造能力。

# 一、学前儿童音乐教育活动的意义、特点和类型

## (一)学前儿童音乐教育活动的意义

### 1. 学前儿童音乐教育能促进幼儿身心发展

学前儿童音乐教育能有效促进幼儿身体和大脑发育，舞蹈、律动能促进大小肌肉群的发育，美妙的音乐及与他人表演群舞、合唱，都能促进良好心理的发展。

### 2. 学前儿童音乐教育能促进幼儿的认知发展

幼儿对节奏节拍的认识，对歌词所描述的事情的理解，都有利于促进幼儿感知能力的发展，促进幼儿记忆力的发展，促进幼儿想象、联想、思维能力的发展。

### 3. 学前儿童音乐教育能促进幼儿情感的发展

学前儿童的感情是由低级向高级逐步发展的。学前阶段，幼儿接触各种音乐活动的机会越多，情感就越有可能逐步变得丰富，如逐步懂得爱、温柔、同情、美、丑、善良等。例如，歌曲《勤劳的小蜜蜂》会使幼儿形成热爱劳动、勤劳的品质，《我叫轻轻》教会幼儿怎么对待周边的人、如何与人交往等。

## (二)学前儿童音乐教育活动的特点

### 1. 形象性

由于学前儿童正处于具体形象思维阶段，所以学前儿童音乐教育活动要突出具体形象性，其形象性主要体现在学前儿童音乐教育活动的内容、形式和方法上。例如，《小动物怎么叫》这首歌以动物的叫声为主要内容，很具体，幼儿很容易接受，同时，让幼儿戴上头饰进行表演，幼儿就更高兴了。再如，电视动画片《喜羊羊与灰太狼》，通过欢快的旋律、节奏、快速跳跃的音符构成了一个个可爱的、具有鲜明特征的动物形象——聪明的喜羊羊、漂亮的美羊羊、大智若愚的懒羊羊、强壮的沸羊羊、善良的暖羊羊等。

### 2. 游戏性

学前儿童音乐教育的游戏性最直接地体现为音乐游戏。例如，歌曲《找朋友》《丢手

绢》等，有情节、有角色，能让幼儿玩起来，在听听、唱唱、动动等有趣的游戏活动中增强幼儿的节奏感，促进幼儿动作的协调发展，提高幼儿辨别音乐性质的能力，使幼儿获得愉快的情绪情感体验。

### 3. 综合性

学前儿童音乐教育的综合性主要体现在以下三个方面。

(1) 学前儿童音乐教育活动的形式，通常是把歌、舞、乐融合在一起。幼儿非常喜爱这种综合的音乐活动形式，幼儿听到音乐时，会感到高兴，情不自禁地又唱又跳、手舞足蹈。

(2) 学前儿童音乐教育的方法是灵活的、多样的，有示范、讲解、练习、引导探索等。在学前儿童音乐教育活动中，这些方法不是孤立的，而是相互交融、相互渗透的。

(3) 在学前儿童音乐教育的过程中，将创作、表演和欣赏相结合，通过创作、表演、欣赏的过程幼儿发展了对音乐的主动倾向性，充分地享受音乐所带来的乐趣。

### (三)学前儿童音乐教育活动的类型

本节重点讲述正规性学前儿童音乐教育活动，按照学前儿童音乐学习内容的不同，可以分为唱歌学习活动、律动学习活动、舞蹈学习活动、打击乐学习活动、音乐欣赏活动等。

## 二、学前儿童音乐教育活动中幼儿教师的学习目标及实践操作目标

(1) 针对学习对象选择合适的学前儿童音乐教育内容、方法和途径。

(2) 独立思考，学会确定学前儿童音乐教育实践操作目标。

(3) 学会选择适合学前儿童音乐教育内容的动漫教学元素及其他的操作、表演教玩具。

## 三、学前儿童音乐教育活动的实践操作任务

(1) 通过实践操作练习，培养幼儿对音乐的感受力、想象力、创造力，学习有感情地表达音乐作品，提高音乐能力，如节奏感、音乐听觉表象、音乐记忆力等。

(2) 针对不同的学前教育音乐教学步骤完成相应的任务。

(3) 针对幼儿学习音乐的步骤完成指导的任务。

(4) 要为幼儿提供开展音乐活动的足够大的空间。表演类、敲击类的操作玩具必须人手一个。

## 四、学前儿童音乐教育活动的实践操作指导要求

(1) 引导幼儿接触生活中美好的事物和感人事件,丰富幼儿的感性经验和情感体验。

(2) 引导幼儿欣赏艺术作品,培养幼儿表现美和创造美的情趣。

(3) 提供自由表现的机会,鼓励幼儿大胆地想象,运用不同的艺术形式表达自己的感受和体验。

(4) 指导幼儿利用身边的物品和废旧材料制作各种玩具、工艺装饰品,体验创造的乐趣。

(5) 为幼儿创造展示自己作品的条件,引导幼儿相互交流、相互理解和相互欣赏。

总之,艺术是幼儿表达认识和情感的另一种"语言"。艺术活动是一种情感和创造性活动,幼儿在艺术活动过程中应有愉悦感和个性化的表现。教师要理解并认可幼儿与众不同的表现方式,注意不要把艺术教育变成机械的技能训练。遵循幼儿生理心理特点,培养幼儿倾听音乐的兴趣,激发幼儿主动地参与活动,增强幼儿的自信心,培养幼儿的创造力。

中国教育家、思想家陶行知曾说过:"生活即教育。"美存在于生活之中,生活是艺术教育取之不尽的源泉。这就要求学前儿童音乐教育回归生活;要将教育与幼儿特有的生活方式结合起来;把音乐活动渗透到生活中,加强生活体验,让音乐源于生活并高于生活。

## 五、学前儿童音乐教育活动的实践操作内容举例分析

学前儿童音乐教育活动的实践操作内容举例如表 2-6 所示。

表 2-6 学前儿童音乐教育活动的实践操作内容举例

| | 实践操作种类 | 实操活动名称 |
| --- | --- | --- |
| 学前正规性教学活动——<br>学前儿童音乐教育活动 | 歌唱活动 | 不再麻烦好妈妈 |
| | 韵律学习活动 | 猴子爬树 |
| | 打击乐学习活动 | 小星星 |
| | 音乐欣赏活动 | 采蘑菇的小姑娘 |

**案例一:艺术领域——歌唱活动**

**实操活动名称:** 不再麻烦好妈妈

**实操活动目的:**

(1) 能唱清楚歌词,唱准曲调。

(2) 喜欢参加唱歌活动,根据歌词做动作,体验边唱歌边做动作的快乐。

(3) 初步培养幼儿的音乐表现能力。

**实操活动准备：**

音乐《不再麻烦好妈妈》，如图 2-2 所示。

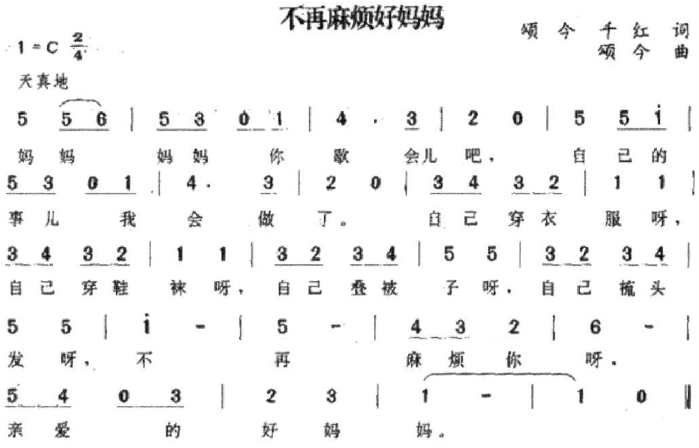

图 2-2 歌曲《不再麻烦好妈妈》

**实操活动过程：**

1. 认知练习

——教师完整地清唱一遍歌曲。告诉幼儿，这首歌的名称是《不再麻烦好妈妈》。

——教师朗诵一遍歌词。妈妈妈妈你歇会儿吧，自己的事儿我会做了，自己穿衣服呀，自己穿鞋袜呀，自己叠被子呀，自己梳头发呀，不再麻烦你呀，亲爱的好妈妈。

——歌词中所讲的小朋友会做什么事？你会吗？

——请跟着老师一起完整地唱两遍歌曲。(无伴奏)

2. 比对练习

——歌曲中都唱些什么？你还记得什么？说一说。

——你们唱响一些，老师唱轻一些，再来唱两次好吗？(无伴奏)

——歌曲里自己要做的事情，我们用动作来表现一下(可以让幼儿自由地做)。

3. 确认练习

——播放伴奏音乐，请部分幼儿上来边唱边表演。

——幼儿轮流表演。

**实操活动注意事项：**

(1) 这首歌含有生活教育的内容，适合小班的孩子来学习，音域范围也适合。

(2) 重点学唱歌曲后半拍起唱部分。

(3) 学唱过程中注意感受歌曲的旋律。

## 案例二：艺术领域——韵律学习活动

**实操活动名称：** 猴子爬树

**实操活动目的：**

(1) 初步熟悉音乐的旋律，学习分辨音乐的上行和下行。

(2) 能有节奏地做猴子爬树和下树的动作。

(3) 让幼儿愉快地参加活动，快乐地模仿动作。

**实操活动的准备：**

(1) 音乐《猴子爬树》，乐谱如图2-3所示。

猴子爬树

1=G  2/4　　　　　　　　　　　　　　　　　　　汪爱丽　曲

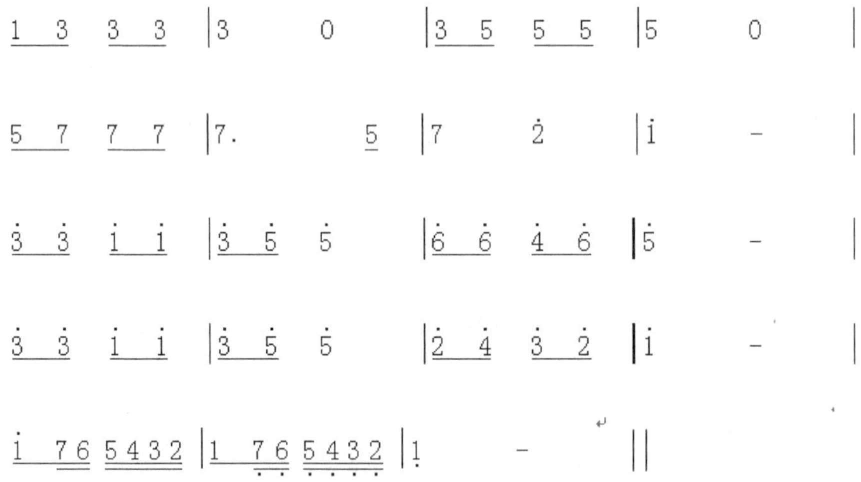

```
1 3 3 3 | 3  0 | 3 5 5 5 | 5  0 |
5 7 7 7 | 7.  5 | 7   2 | 1  - |
3 3 1 1 | 3 5 5 | 6 6 4 6 | 5  - |
3 3 1 1 | 3 5 5 | 2 4 3 2 | 1  - |
1 7 6 5 4 3 2 | 1 7 6 5 4 3 2 | 1  -  ||
```

图 2-3　音乐《猴子爬树》

(2) 多媒体课件(猴子的动作)。

**实操活动过程：**

1. 认知练习

——用多媒体展示猴子。说一说它是谁，在做什么动作。

——我来学一学。教师示范猴子爬上爬下的动作和抓痒、吃果子等动作。

——小朋友看仔细了，现在随着音乐，老师再来做一次，你们也可以和我一起做哦。

——[1]~[8]小节：乐曲旋律上行，双手握拳，轮流由下向上移动，一小节一次，表示爬树。

——[9]~[16]小节：随音乐自由、合拍地做猴子常有的动作，如抓痒、摘果子、吃果子、睡觉等。

——[17]~[20]小节：双手快速绕动着自上向下移动，表示猴子很快地从树上滑下来。

2. 比对练习

——音乐真好听，动作真有趣。我们休息一下，听一听音乐。

——引导幼儿听音乐，"什么地方是爬上的动作，什么地方是爬下的动作，什么地方是在树上吃果子的动作？"

——做一做。请部分或个别幼儿上来将自己编的动作做给大家看看。

3. 确认练习

——全体小朋友表演开始啦！

——每位幼儿都戴上了小猴的头饰，老师也戴上了猴妈妈的头饰。

——分三段做一次。(配音乐)

——完整地做一次。(配音乐)

**实操活动注意事项：**

(1) 教师的动作示范和创编很重要，能给予幼儿潜移默化的影响，使幼儿感觉到，可以从老师这儿学习到自己不会做的，学会以后还有机会发挥、创造。艺术的潜能得到了挖掘。

(2) 提醒幼儿静静地听，然后用身体去感受音乐的不同之处。

(3) 活动延伸可以设计在表演区投放猴子头饰，幼儿可根据自己的喜好随时表演。

## 案例三：艺术领域——打击乐学习活动

**实操活动名称：** 小星星

**实操活动目的：**

(1) 通过活动感受音乐带来的快乐。

(2) 具有初步音乐节奏感，在活动中大胆地表现自己。

(3) 感受乐曲的优美，能在音乐伴奏下感受音乐、表现节奏。

**实操活动准备：**

(1) 多媒体课件(由心能美育幼儿园动漫教学平台提供)。

(2) 打击乐器，如三角铁、铃鼓、碰铃等，多于幼儿人数，供幼儿选择。

**实操活动过程：**

1. 认知练习

——展示多媒体音乐及动漫，欣赏歌曲，请幼儿边看边跟着哼唱。

——出示图谱,在演唱的同时,幼儿可以看到敲击的乐器会和着拍子闪烁。

——教师一一介绍为幼儿准备的乐器,该怎么拿、怎么敲击。

2. 比对练习

——刚才我们看了一段动画,还听了一首歌,是什么歌?

——还看到了乐器为歌曲伴奏,有哪些乐器呢?

——这些乐器都怎么用?小朋友都来试试看,然后选一件自己喜欢的。

3. 确认练习

——请小朋友拿乐器进行分组练习,先请拿三角铁的小朋友,看着多媒体上的图谱来做一次,左手拿三角铁上面的绳子,右手拿小铁棒,轻轻敲击三角铁横着的这条边,发出悦耳的声音。图谱上有三角铁图案的地方,闪烁时,敲击一下,没有闪烁时,不敲击。

——接着请拿铃鼓的小朋友练习。

——然后请拿碰铃的小朋友练习。

——最后全体小朋友一起拿乐器演奏。有条件的还可以请一位幼儿来当指挥。请 3~5 位幼儿来演唱歌曲,2~6 位幼儿来伴舞。

**实操活动注意事项:**

(1) 幼儿通过乐器演奏的练习能较好地掌握歌曲的节奏,从而对《小星星》的乐曲结构有较深的了解。

(2) 幼儿对打击乐器很喜欢,所以要好好利用。

(3) 教学中要注重分组练习,才能让幼儿真正掌握,增强自信心、成就感。

(4) 多媒体的运用使打击乐教学变得方便、生动和有趣,可以多加应用。

(本方案由心能美育幼儿园动漫教学平台提供)

### 案例四:艺术领域——音乐欣赏活动

**实操活动名称:** 采蘑菇的小姑娘(幼儿园大班音乐欣赏)

**实操活动目的:**

(1) 感受乐曲欢快活泼的旋律,了解乐曲结构,掌握×××节奏音型。

(2) 在教师的指导下设计打击乐配器方案,能根据教师指挥演奏乐器。

(3) 能在集体的打击乐演奏中有意识地注意音色、音量,表情上与集体协调一致。

**实操活动准备:**

(1) 课件——采蘑菇的小姑娘 MP3 及歌词。

(2) 铃鼓四个、碰铃两对、园舞板四对。

(3) 图片——园地和孩子。

**实操活动过程：**

1. 认知练习

——图片导入，激发幼儿兴趣。教师：图片上的小朋友在什么地方？他们高兴吗？他们高高兴兴地要去干什么呢？(启发幼儿想象。)

——播放音乐，让幼儿感受音乐。(音乐中的主人公是谁？她是怎么采蘑菇的？她的心情怎么样？)

2. 比对练习

——引导幼儿进行讨论。(小姑娘是怎么采蘑菇的？她为什么这么高兴？听完之后你们的心情怎么样？)

让幼儿深入体会音乐带来的感受及音乐表现的内容，锻炼幼儿的听力水平。

——分析歌曲结构，讨论编配方案。根据音乐，引导幼儿分析这首乐曲可以分成几个部分，分别是哪几个部分。教师分段弹奏乐曲，让幼儿熟悉音乐节奏，理解分段原因。

3. 确认练习

——掌握×××节奏音型。

——把节奏谱贴在黑板上，问有没有小朋友能打出这个节奏。

——让小朋友们跟着老师，用自己的小手把节奏打出来。接着换用身体其他部位在乐曲适当处跟着老师把节奏打出来(跺脚、抖手腕、拍肩等)。

使乐曲节奏更加生动有趣。

——请一位小朋友上台示范，使用身体语言。

——根据指挥合奏，注意表情、音量。

——教师指挥，小朋友尝试进行乐器演奏。

——教师点评：小朋友演奏的时候由于对乐器不了解及对乐曲结构掌握得不够，在音量、音色处理上需要改进。

——教师对三样乐器进行介绍并讲解在乐曲中该如何配合才好听，并请小朋友们尝试演奏，看看是否比刚才的好听了。

——提醒小朋友们要面带微笑，注意音乐中小姑娘采蘑菇的时候心情是怎么样的。表演顺利结束。

**实操活动注意事项：**

欣赏活动一定要突出欣赏的特点、氛围，强调对音乐的理解和感受。

# 第七节　学前儿童美术教育活动的设计和实操练习

《纲要》中指出，幼儿美术教育是幼儿的一种体验表达活动，提出让孩子"用自己喜欢的方式自然、真切地表现内心的感受和体验"。

《指南》进行了具体表述。在感受与欣赏方面设定了两个方面的目标：一是喜欢自然界与生活中美的事物；二是喜欢欣赏多种多样的艺术形式和作品。在表现与创造方面的目标：一为喜欢进行艺术活动并大胆表现；二为具有初步的艺术表现与创造能力。

## 一、学前儿童美术教育活动的意义、特点和类型

### (一)学前儿童美术教育活动的意义

#### 1. 能够培养幼儿的美感和审美情趣

艺术活动的最终目的在于引导人们去发现美、欣赏美，为我们的世界创造一切美好的事物。幼儿园美术教育活动的开展也是为了提高幼儿对美的感受力，引导幼儿审美观的发展。幼儿对美的事物的感受带有直觉性，虽然还很幼稚、肤浅，但已有了初步的审美意识。他们喜欢色彩鲜艳、形象夸张的事物。我们可以利用周围生活环境中一切美好的事物打动幼儿的心灵。

#### 2. 能够使幼儿的个性得到自然发展

赫伯·里德指出："教育的目的在于启发培养人的个性，顺应儿童自然本性的发展。"美术教育是表现内心的艺术，幼儿通过视觉艺术这一方式来表达个人的感受，从中体验到快乐、成功，美术活动为幼儿提供了自我表现的最佳形式。幼儿总是真实地表现自己的想法和愿望，他们的画画面丰富，充满想象，多为抽象画，线条歪歪扭扭，图形没有规则，画面虽凌乱，却表达了他们的思想和对事物的爱憎。例如，幼儿以涂鸦的方式画出了"春天的公园"，从画面上看，只是胡乱涂的三块，可孩子告诉我们，"这是爸爸，这是妈妈，这是我"。通过画画，孩子抒发了自己的感情，他们指着自己的画，总能说出自己的见解。我们成人不妨多听听孩子们的解说，耐心地做忠实的听众，用孩子的眼光去观看和欣赏每一幅作品，多给孩子以鼓励和启发，不要追求画得像与不像，这样你会发现孩子们画得更起劲、更自信，也更快乐。因此，罗恩·菲德倡导，"让儿童以异于其他人的方式表达其独特的思想和情感，并以此树立自我表现的信心"。

### 3. 能够挖掘幼儿的创造潜能

艺术活动的目的不在于培养职业艺术家，而在于利用这一手段启迪儿童成为他人艺术的欣赏者和自己艺术的创造者。陈鹤琴先生也曾指出："从前的艺术太注重技能，现在的艺术是注重儿童的个性，儿童的天真，儿童的创作。"

每个儿童都具有创造的潜能和天赋。孩子们喜欢涂涂画画、敲敲打打、搓挖泥巴，堆砌沙堆，对各种各样的形与色有着浓厚的兴趣，我们要努力为幼儿创造条件，使幼儿的创造能力得到充分发挥。

美术活动也是儿童的一种语言，孩子们经常借助这一语言，表达自己的情感、美好的愿望，宣泄愤怒，流露忧伤。幼儿的绘画就像一面镜子，明明白白映照出他们的思想状态以及对我们这个现实生活的感受和看法。我们成人有时总想教给孩子点什么，刻板地干预只会让儿童变得小心谨慎，不敢大胆创造，或带有讨好成分地去迎合成人的意愿，从而失去自主的人格特质。早期教育最主要的是重视孩子的天性，多给他们一些自由表达和游戏的时间。而绘画是儿童表达自己、理解周围世界的一种很好的方式，我们教师要正确把握和利用这一手段，不是给儿童灌输技能，或是对他们实施无任何积极意义的影响，而是要教会幼儿热爱生活中一切美好的事物，愉快地进行创造、表现。

## (二)学前儿童美术教育活动的特点

### 1. 游戏性

喜欢游戏和玩玩具是幼儿的天性，幼儿园的环境、条件能充分满足幼儿进行美术游戏的愿望与要求，使幼儿进入没有拘束、可大胆想象创造的美术游戏之中。

### 2. 纯真性

美术活动可以表现出幼儿的想法和情感体验，展现出纯真的童心。

### 3. 循序渐进性

涂鸦期是幼儿乱涂乱画的时期；象征期是幼儿用图示和色彩象征事物的时期；形象期时，幼儿已能把握事物的特征，创建符号来表达，但是还是画得不像。每个孩子的成长都将遵循循序渐进的规律。

## (三)学前儿童美术教育活动的类型

学前儿童正规性的美术活动包括美术课和其他领域中的美术活动等，按照学习的内容可以分为绘画学习活动、贴工学习活动、泥工学习活动、缝工学习活动、刺工学习活动、剪工学习活动及美术欣赏活动等。

## 二、学前儿童美术教育活动中幼儿教师的学习目标及实践操作目标

(1) 针对学习对象选择合适的学前儿童美术教育活动的内容、方法和途径。
(2) 学会确定学前儿童美术教育实践操作目标。
(3) 学会选择适合学前儿童美术教育内容的动漫教学元素及其他的操作教玩具。

## 三、学前儿童美术教育活动的实践操作任务

(1) 通过实践操作活动，幼儿观察事物并通过美术活动材料来表现自己对事物的认知和情感，初步培养对美术的兴趣和审美力，发展动手能力，初步掌握使用美术工具和材料的技能。
(2) 针对不同的学前教育美术活动操作教学步骤完成相应的任务。
(3) 针对幼儿学习的步骤完成指导的任务。
(4) 给幼儿提供自由宽松的美术活动空间，给予他们足够的美术活动时间，给他们提供足够的美术活动材料。

## 四、学前儿童美术教育活动的实践操作指导要求

### (一)激发兴趣，重视幼儿生活经验的积累

教师要帮助幼儿提升经验，为艺术创作积累素材。幼儿的艺术表现以经验为基础，可以通过谈话、交流、回忆已有的生活体验来加以丰富。例如，在画主题画《各种各样的车》之前可让幼儿观察、讨论见过的各种车辆，回忆各种车辆的外形特征、用途等，使幼儿更好地结合经验进行表现。

春暖花开时，带孩子们去野外寻找春天，放风筝，摘野花；夏天带孩子欣赏荷花，在草地上打滚；秋风习习时，带领孩子们去树林捡落叶、摘野果……利用自然界、社会生活中的美好事物向幼儿进行美的启示和教育，并为幼儿创设充满艺术氛围的生活环境和学习环境，使幼儿对美的感受得以深化，演化为自身对美的事物的追求与表现，因而变得更富有人性。通过各种不同的美术活动，如绘画、泥塑、剪纸等活动，使幼儿把自己对美的体验和真实情感倾注在艺术创作之中，从中体味现实生活的美好，这种创造对儿童来说是快乐的。

## (二)让孩子在玩中学美术

教师要提供丰富多样的材料，创设自由宽松的活动环境，鼓励他们把想到的和感受到的，自由、轻松、愉快地进行表现，在这一自然而然的过程中提升幼儿的创造能力。例如，可提供几段风格各异的乐曲，让幼儿听乐曲后进行想象创作，有的幼儿听到《梁祝》中的一段音乐，就用大波浪线表现蝴蝶正在飞舞的场景；有的幼儿听到《金蛇狂舞》的乐曲，就用许多交叉、缠绕的线条来表现热闹的气氛。

## (三)鼓励孩子合作绘画，促进创造能力的发展

有的幼儿思维敏捷、想象丰富，有的幼儿思路狭窄、缺乏想象，因此可以让幼儿在多种形式的合作中进行互补、互相促进。例如，在绘画《神秘的太空》时，一个幼儿想到了画飞船，其他幼儿在他的启发下，画出了各种星球，还有飞机、火箭等。儿童对儿童的了解程度比成人对儿童的了解更深刻，儿童相互学习有利于儿童的理解和接受，让孩子们在自由创作中体验成功。

## (四)给予正确评价，让幼儿体验成功

在幼儿创作兴致正浓时，不应轻易打扰他们。有些幼儿教师在进行美术活动时，生怕能力弱的孩子不会画或画不完整，因此经常在开始绘画不久，就举起画得棒的幼儿的作品进行表扬，让其他幼儿以此为榜样。殊不知，多少孩子正沉浸在自己丰富的想象、创作中，这样打断后还有多少孩子能继续刚才的创作？他们茫然的表情让我们不得不反思，这样的打扰以后还会发生吗？我们教师真该想想如何保护孩子们宝贵的想象力、创造的激情，应放手让孩子们自由创作，孩子脸上的微笑告诉我们，他们正体验着自己画中的情感。

# 五、学前儿童美术教育活动的实践操作内容举例分析

学前儿童美术教育活动的实践操作内容举例如表 2-7 所示。

表 2-7 学前儿童美术教育活动的实践操作内容举例

|  | 实践操作种类 | 实操活动名称 |
| --- | --- | --- |
| 学前正规性教学活动——学前儿童美术教育活动 | 绘画学习活动 | 花(中班) |
|  | 贴工学习活动 | 小鱼 |
|  | 泥工学习活动 | 陶艺活动——蘑菇 |

续表

| | 实践操作种类 | 实操活动名称 |
|---|---|---|
| 学前正规性教学活动——学前儿童美术教育活动 | 缝工学习活动 | 缝直线 |
| | 刺工学习活动 | 刺纸片 |
| | 剪工学习活动 | 剪纸片 |
| | 美术欣赏学习活动 | 幼儿园大班美术欣赏《荷花》(张大千《荷花》系列) |

### 案例一：艺术领域——美术活动——绘画学习活动

**实操活动名称：** 花(中班)

**实操活动目的：**

(1) 制作想要的颜色，感受颜色变化带来的乐趣。

(2) 了解工具、材料及操作技巧。

**实操活动准备：**

准备的材料有不同图形的纸、糨糊、刷子、海绵、托盘、清水。

**实操活动过程：**

1. 认知练习

——先把颜料挤到颜料盘里。

——教师示范讲解：现在，纸上有三朵花，第一朵我想画红花，那就需要红色的颜料来画它的花瓣。

——用画笔先蘸一点点水，然后蘸上红颜料，来画红花的花瓣。

——好，画好红花的花瓣后，接着要画第二朵花。这朵我画黄花。

——先将笔洗干净，用海绵将多余的水分吸掉，然后蘸上黄色的颜料，画黄花的花瓣。

——画好黄花的花瓣后，画最后一朵蓝花。同样地，将笔洗干净，用海绵吸掉多余的水分。

——蘸上蓝色的颜料，画好蓝花的花瓣。

——好，三朵花的花瓣都画好了，我们接下来要画花朵的叶子和茎。

——小朋友们，你们平时见到花的叶子和茎都是什么颜色的？

——对，是绿色的。但是，我们没有绿色的颜料怎么办呢？

——那我们试一下把两种颜色加在一起看看会不会出现绿色吧。

——先试一下红色和黄色吧。喔，出现的是什么颜色？橙色。是不是我们要的颜色？不是。那我们再试一下黄色和蓝色吧。看，绿色是不是出现了！

——好，我们就用这绿色画花的叶子和茎。好了，三朵小花完成了。

——最后将笔和颜料盘洗干净，将水倒掉，把材料放回托盘里。

2. 比对练习

——告诉老师，这里的三朵花都是什么颜色的？哪一朵是黄色的花？

——老师还给小朋友准备了什么材料？这支画笔干什么用？怎么用？

——画叶子的绿色颜料在哪里？怎么得到的？

3. 确认练习

——幼儿开始学习画花。

——先把颜料挤到颜料盘里。

——用画笔先蘸一点点水。

——然后蘸上红颜料，来画红花的花瓣。

——依次画好黄花和蓝花。用黄色和蓝色制造绿色。看，绿色出现啦。用它画叶子。直到全部完成。

——将笔和颜料盘洗干净，将水倒掉，把材料放回托盘里，再把托盘放回架子上。

**实操活动注意事项：**

(1) 本操作内容适合中班，因为从对颜色的认识来看，小班可以把握红黄蓝三种颜色，中班可以把握六种左右，而且开始对颜色变化感兴趣。

(2) 如果在大班进行同类的操作活动，则必须增加颜色种类。

(3) 注意调颜料时水不要加太多，这样效果更好。

(本方案由温州大学 11 学前专 1 班郑佩瑶设计)

### 案例二：艺术领域——美术活动——贴工学习活动

**实操活动名称：** 小鱼

**实操活动目的：**

(1) 认识贴工学习活动中使用的材料的名称。

(2) 掌握贴工学习活动最基础的技能。

(3) 让孩子快乐自由地操作。

**实操活动准备：**

准备材料有不同图形的纸、糨糊、刷子、海绵、托盘、清水。

**实操活动过程：**

1. 认知练习

——从教具柜上拿托盘放在桌子上，坐下。

——把托盘中的材料一一摆放在桌子上，教师一个个介绍带来的教具。

——教师开始示范讲解其想做的东西是××(小鱼)图形,做这个图形用到了哪几种形状的纸,拿出这些形状的纸并按顺序在白纸上摆放好××图形。

——图形摆放好,开始粘贴。按之前摆放的顺序粘贴,将纸的背后用刷子刷上糨糊,把纸的正面朝向左手的手掌心,右手拿刷子,用刷子头轻轻地蘸上糨糊,然后均匀地涂在纸的背面。刷完将纸贴回原来摆放的位置。

——贴好以后,用海绵轻轻地、均匀地压一压白纸上的图形。

——将图形压好后,开始整理桌上的东西,将桌子上的东西一一放回托盘中,把用过的刷子放在清水里洗一洗,洗完用海绵吸掉刷子头上的水并将刷子放到刷子筒中。把洗刷子的水倒入水槽。

——把托盘放回教具柜。

——收作品,盖章,放回作品柜。

2. 比对练习

——看一看,哪些是图形纸?它们是什么形状的?

——老师还带来了什么材料?

——哪个是刷子?它是干什么用的?

3. 确认练习

——幼儿学习用图形纸贴出某一个物体的形状。

——做好后要学习收拾。用过的刷子放在清水里洗一洗,洗完用海绵吸掉刷子头上的水并将刷子放到刷子筒中。把洗刷子的水倒入水槽。

——将桌子上的东西一一放回托盘中,再把托盘放回教具柜。

——收作品,盖章,放回作品柜。

**实操活动注意事项:**

(1) 贴工学习活动可以从小班开始。

(2) 小、中、大班侧重点不同,根据幼儿肌肉群的发育情况,所提供材料的大小要从大到小,外形要从粗略到精确,内容要从简单到复杂进行安排。

(本方案由温州大学 11 学前专 1 班缪姜慧设计)

### 案例三:艺术领域——美术活动——泥工学习活动

**实操活动名称:** 陶艺活动——蘑菇

**实操活动目的:**

(1) 进一步巩固手工捏塑成型和连接等技能。

(2) 能根据情景创作，用自然物进行细节装饰。

(3) 能大胆地创作，进一步提高幼儿的动手能力。

**实操活动准备：**

蘑菇图片多幅，牙签、竹片等自然物，陶泥人手一份。

**实操活动过程：**

1. 认知练习

——故事导入，激发幼儿的兴趣。

(1) 教师：今天天气很好，小兔来到森林里采蘑菇。可是蘑菇没有了，这下小兔没有晚饭吃了。小朋友，我们一起来帮助小兔吧！

(2) 教师出示蘑菇图片，引导幼儿观察，自由交流蘑菇的形态和特点。

(3) 教师小结：蘑菇像一把撑开的小伞。

2. 比对练习

——集体讨论、交流蘑菇的制作方法。

(1) 教师：你准备怎么用陶泥来制作蘑菇呢？(幼儿自由讨论)

(2) 教师示范：先用手捏一个小碗形状，然后用一段粗粗的泥条作为蘑菇的柄，再将它们连接起来。

3. 确认练习

——幼儿制作，教师指导。

(1) 帮助手部力量较弱的部分幼儿。

(2) 指导幼儿连接蘑菇的面和柄。

(3) 用牙签等自然物在蘑菇面上刻画花纹，或用泥片装饰。

——展示作品，引导幼儿互评，教师做点评。

**实操活动注意事项：**

(1) 要给幼儿明确的示范，讲解清楚明了。

(2) 能较快地出现成品，增强幼儿的自信心和成就感。

(3) 小、中、大班都可以进行活动，技能、造型难度逐渐加大。

### 案例四：艺术领域——美术活动——缝工学习活动

**实操活动名称：** 缝直线

**实操活动目的：**

(1) 学会缝工并缝制物品。关键点：缝上了，缝好。

(2) 专注力和独立性的培养。

(3) 手指肌肉动作的协调；美学的培养。

**实操活动准备：**

(1) 经验准备：做过基本练习。

(2) 材料准备：针、线、针包、各种图形的布、扣子和蝴蝶结。

**实操活动过程：**

1. 认知练习

——邀请孩子："××，请你和我来做一项新工作好吗？"

——老师和幼儿一起走到工作台前。

——老师向幼儿介绍工作名称："我们今天来做一项新工作——缝直线。"

——幼儿拿托盘，两手的一指扣住托盘，四指在下，手臂与身体成90°角，并贴住身体。

——幼儿和老师走到桌前。幼儿把托盘放到桌上。

——幼儿和老师都双手扶住椅背，提起椅子，倒退一步左右。然后轻轻放下后边靠腿的椅子腿，再轻轻放下前边的椅子腿。走到椅子前，老师和幼儿一起坐下。

——老师示范(一)

将缝工所要的材料放到桌上。示范取线，将缝制所需的长度量出。穿针：左手拿针，右手将线穿入针尾，将两股线拉平。

——老师示范(二)

打结：将线尾在左手食指上绕一圈，用右手将线尾塞进这个圈内拉紧，将针插在针包上。缝线：将布拿出，从右向左开始缝线，将针从下向上刺出，再从上向下在第二个洞刺入，如此反复。

——老师示范(三)

打平结，将针插回针包，剪平针上的两股线，将两股线分开交叉结两次。分开、交叉、穿过下面的洞、将线拉直，重复两次，平结就打好了(打平结的目的是防止针线分离对幼儿造成危险)。

——幼儿和老师站起来。幼儿和老师用双手扶住椅背，提起椅子，把椅子放到桌子下面。

——先轻轻放下后边靠腿的椅子腿，再轻轻放下前边的椅子腿。幼儿双手拿托盘，两手的一指扣住托盘，四指在下，手臂与身体成90°角，并贴住身体。幼儿走到工作台前，把托盘放回原处。

2. 比对练习

——请告诉老师，老师为你们准备了哪些材料？

——看看老师在干什么？(取线、穿针、打结)

3. 确认练习

——幼儿进行缝工练习。

——结束后将所有材料一一放回托盘，再放回架子上。

——收藏好自己的作品。

**实操活动注意事项：**

该操作内容因为需要精细的动作，需要以小肌肉群、小骨骼的良好发育为基础，因此，建议在大班实施。

(本方案由温州大学 11 学前专 3 班方杨杨设计)

### 案例五：艺术领域——美术活动——刺工学习活动

**实操活动名称：**刺纸片

**实操活动目的：**

(1) 学习如何使用锥子。

(2) 手指肌肉运动练习及手眼的协调能力。

(3) 握笔的预备。

**实操活动准备：**

锥子、垫子、上面画有简单图案的纸张若干。

**实操活动过程：**

1. 认知练习

——邀请孩子："××，请你和我来做一项操作工作好吗？"

——老师向幼儿介绍工作名称："我们今天来做刺工。"

——引导幼儿把托盘从玩具架子上拿下来，放到桌子上。

——走到椅子前，老师和幼儿一起坐下。

——教师示范。将托盘中的垫子、纸拿出来，边拿边说：这是垫子，这是纸。把纸放在垫子上。

——教师示范用右手三指抓住锥子，握紧，左手做好准备动作，把垫子上的纸扶住。

——教师示范按照纸上图形周围的点一一进行锥刺，刺透，出现小洞。

2. 比对练习

——教师示范几个动作后就请孩子接着做。边做边引导孩子比对。哪只是右手？锥子在哪儿？握紧了，找到小圆点了吗？刚才老师做的动作叫什么？你来试试看？刺透了吗？拿起来看看是不是有个洞？

——直到把图形轮廓线上的小点全部刺透。

——做好后教师和孩子一起将图形撕下来。

——取一张和图形纸不一样颜色的单色的纸(出现对比效果)，将图形放在上面，很漂亮。

3. 确认练习

——问孩子还要不要继续做。

——希望再做一个的孩子可以自由地选取图形纸。

——用锥子在图形的圆点上做锥刺，刺透，出现小洞，然后小心撕下图形放在单色的纸上。

——也可以引导孩子用胶水将图形纸粘在单色的纸上，盖上自己的章。

——如果不做了就请孩子把垫子和锥子放回托盘，送回教具柜。

**操作活动注意事项：**

(1) 抓住关键点，刺的声音和找刺的点都很有意思，能吸引孩子。

(2) 练习时注意设计一种物体的形状，整个刺下来点不要太多，刺完后可以撕下来，然后贴到其他同样大的彩色纸上。

(本方案由温州大学 11 学前专 3 班何攀攀设计)

### 案例六：艺术领域——美术活动——剪工学习活动

**实操活动名称：** 剪纸片

**实操活动目的：**

(1) 学习一刀剪和两刀剪的技能。

(2) 认识剪工所需要的材料工具，增强安全使用的意识。

(3) 提高对剪工学习活动的兴趣。

**实操活动准备：**

用于一刀剪、两刀剪的纸条；剪刀若干。

**实操活动过程：**

1. 认知练习

——今天我们来学习的是日常生活中的剪工。

——先来看看老师带来了什么工具，有剪刀、纸盒，还有纸。老师还准备了直线的一刀剪、直线的两刀剪、斜线剪、曲线剪、螺旋剪的纸条。(纸上画有线条，一刀剪是指一刀就能剪断，两刀剪是指需要剪两下。)

——教师示范直线的一刀剪。

——首先我们拿起一张一刀剪的纸条(左手)。

——再拿起剪刀(右手拿起放在左手上,用来示范拿剪刀的规范动作),把右手的大拇指和中指分别伸进剪刀的两个环中(用动作示范)。两只手指稍微一用力,撑开剪刀的口,把纸条放进剪刀的口中,让剪刀对准纸条上的线条,一刀剪下。

——把剪下的小纸片放入准备好的纸盒中。

——接下来再次重复讲解和动作(速度可以稍快),然后是不发出声音只做动作示范,最后是不发出声音、动作稍快地示范,直到剪完。

——现在再来试试直线的两刀剪。

——同样地,把两个手指伸入剪刀的两个环中,手指稍微用力撑开剪刀的口,把纸条放入剪刀口中,对准上面的线条一刀剪下。(有了一刀剪的经验,操作可稍快。)

——拿出剪刀,让小朋友观察一下,两刀剪的纸条剪了一刀后是什么样的。一刀剪下后,发现纸条还是连着的,那么我们再打开剪刀对准没剪开的纸条上的线条,剪下第二刀。直至剪完。

2. 比对练习

——请小朋友操作。先告诉老师,老师为小朋友准备了哪些材料和工具?一刀剪的动作是怎么做的?两刀剪又是怎么做的?

——小朋友练习一刀剪和两刀剪的动作。

3. 确认练习

——请小朋友来剪一剪。幼儿随意从托盘中拿出一张老师准备好的一刀剪或两刀剪的纸条。

——左手拿纸条,右手拿剪刀。

——练习一刀剪和两刀剪,剪完为止。

——结束后,把工具放回托盘中(一一整齐地放入托盘中),并让小朋友把托盘放回教具柜。

**操作活动注意事项:**

(1) 剪工可以从小班开始。

(2) 技能的学习一定要注意循序渐进。

(3) 要特别强调安全地使用剪刀。

(本方案由温州大学 11 学前专 2 班陈洁设计)

### 案例七:艺术领域——美术活动——美术欣赏学习活动

**实操活动名称:** 幼儿园大班美术欣赏《荷花》(张大千《荷花》系列)

**实操活动目的：**

(1) 欣赏张大千的《荷花》系列作品，能大胆地用语言来表达自己对画面的理解。

(2) 学习用水墨来表现荷塘美景，体验荷塘的意境美、情趣美。

**实操活动准备：**

教师：课件、毛笔两支、调色盘一个、宣纸、毛毡。

幼儿：墨汁、国画颜料、毛笔(每人两支)、洗笔筒、长卷宣纸(上有一些荷花)、毛毡。

**实操活动过程：**

1. 认知练习

——教师：瞧！在这幅画中，你看到了什么？

——在这幅画中，哪里有荷叶？是怎样的？像什么？是不是所有的荷叶都是一样的？这些浓墨和淡墨不同的荷叶给你什么感觉？

——在这幅画中，你觉得荷花有什么不同？请你用动作来做一做荷花的姿态。

——小结：在一片荷塘中，有几朵娇嫩的荷花，有的含苞欲放，有的尽情绽放，荷花在浓墨或淡墨交相辉映的荷叶中显得非常鲜艳、醒目，真是"接天莲叶无穷碧，映日荷花别样红"呀！

——这幅画的名字就是"荷花"，他的作者是张大千，张大千是我国著名的国画大师，他非常喜欢荷花，一生创作了许多荷花作品。

2. 比对练习

——刚才欣赏了谁的画？画的是什么？

——荷花真美呀！

3. 确认练习

——我们也来画荷花吧。

——这么多美丽的荷花，让我赶紧把它画下来。我来画一朵尽情绽放的荷花，瞧仔细，我是怎样用笔的？(用笔的侧锋来画。)

荷花画好了，还缺什么呀？(荷秆)对了，细细的荷秆撑着花朵。画荷秆时笔是怎样的？(竖起来，用中锋)细细的荷秆上长满了小刺。

4. 幼儿创作

要求：

(1) 想一想，你的荷塘里会发生什么故事？

(2) 创作好之后，讲一讲你的荷塘故事。

5. 幼儿作品展评

幼儿相互欣赏，讲述自己的荷塘故事，教师为幼儿做文字记录。

**操作活动注意事项：**

(1) 要注重教会幼儿从哪几个方面来欣赏画家美丽的画。

(2) 要创造欣赏的意境，尽量静静地欣赏。

(3) 幼儿的绘画创作可以延伸到另一个活动。

## 本 章 小 结

本章详细地介绍了幼儿园正规性教学活动中不同的教学内容和模式。本章将幼儿园科学领域分成科学部分和数学部分、将幼儿园艺术领域分成音乐部分和美术部分来描述，是因为在幼儿园的实际教学中，许多幼儿园尤其是边远地区的幼儿园，还处在从分科到综合课程的适应过程中，因此，在编写教材时也考虑了这个因素，使幼儿园的年轻教师在掌握基础教学方法后，再逐渐学会综合教学方法。

## 思考与练习

1. 通过幼儿园实习及实践活动，你觉得实操练习在哪个领域较难落实和实现，应该如何去改进？

2. 请你从书中的举例题中任意选题，在科学领域、音乐领域、美术领域、社会领域中各选一项内容，按题中的要求准备好教玩具，开展实操练习，并用录像观看自己的实操练习活动的效果，完成后请填写《幼儿园正规性教育教学实操活动练习报告》，对自己作出正确的评价。

3. 编写实操练习计划。要求对以下内容编写一个完整的实操练习计划，要完整实用，便于操作，易于学习推广。

大班数学领域空间概念学习"区分左右"。中班语言领域故事教学"露水蘑菇"。小班健康领域基本动作练习"走的练习"。

附：

### 露水蘑菇

吃饭的时候，小兔这也不爱吃，那也不爱吃。妈妈问："吃蘑菇，好吗？"小兔说："不喜欢。"妈妈问："萝卜呢？"小兔说："不喜欢。"妈妈又问："吃青菜吧？"小兔说："我不爱吃。"爸爸说："露水蘑菇爱吃吗？"露水蘑菇是什么样的？小兔从来没见过。他赶紧说:"露水蘑菇,我想吃。"爸爸说:"露水蘑菇要到菜园子里去吃。"

第二天清早,爸爸拿着大篮子,带着小兔来到菜园子里。小兔看看大篮子,里面装着蘑菇、萝卜和青菜,可是没有露水蘑菇。小兔说:"哪有露水蘑菇呀?"爸爸说:"等一会儿就有露水蘑菇了。"说完就在菜园子里松土、拔草,劳动起来。

小兔玩了一会儿,也跟着爸爸去劳动。早晨的雾散去了,小兔的肚子咕咕直叫,他问爸爸:"可以吃露水蘑菇了吗?"爸爸带着小兔来到大篮子那里。咦?大篮子里的蘑菇、萝卜和青菜都沾满了露珠。小兔拿起露水蘑菇就大口大口地吃起来。真香、真好吃。吃了露水蘑菇,又吃了露水萝卜、露水青菜。小兔对爸爸说:"真好吃呀!"

附:

### 幼儿园正规性教育教学实操活动练习报告

实操练习名称:

| 实操活动类型 | | 实操活动地点 | | 实操活动时间 | |
|---|---|---|---|---|---|
| 姓名 | | 班级 | | 成绩 | |
| 实操活动目的 | *此处写本次实操练习活动的目的。 | | | | |
| 实操活动准备 | *此处写本次实操练习活动所用到的场地面积,教具、学具的数量等。 | | | | |
| 实操过程记录 | *此处写本次实操练习活动的主要操作步骤及效果。 | | | | |
| 实操活动反思 | *在本次实操练习活动中你学到了什么?<br>*在本次实操练习活动中你遇到了哪些较难解决的问题?你是如何解决的?<br>*写出你对本次活动的建议和意见。 | | | | |
| 教师评语 | *对学生进行定性描述,指出优点和不足。<br><br><br>教师签名:          时间: | | | | |

# 第三章　幼儿园非正规性教学活动实操练习

　　本章重点分析幼儿园非正规性教学活动的设计、开展、评价等，涉及学前儿童区域教育活动、学前儿童自主的游戏教育活动等内容。通过学习本章内容，学前教育专业的学生以及幼儿园教师可以了解学前儿童幼儿园非正规性教学活动开展的方式、方法，掌握幼儿园非正规性教学活动的创设及幼儿园非正规性教学活动步骤的设计及实施，学会对实践活动实施效果进行评价和反思等。

## 第一节　学前儿童区域教育活动的设计和实操练习

　　什么是区域活动？区域活动，也叫"活动区活动"，是20世纪70年代从美国引进中国教育界的新名词。当时美国正流行"开放教育"，对国内的影响比较大。在我国，该概念更多地被称为"区角活动"。在我国托幼机构的历史发展过程中，以游戏为基本活动、以活动区为空间结构的教室组织形式早已存在。

　　区域活动是指在一定的教育思想指导下，由教师为幼儿提供合适的活动场地、材料、玩具和学具等，让幼儿自由选择活动内容，通过操作、发现、讨论、拼搭等活动来获得知识、发展能力的一种教育形式。

　　区域活动是近年来幼儿园广泛采用的一种活动形式，是以个别化的教育形式尊重幼儿的个性差异、满足幼儿个体发展的需要、培养幼儿的主动探索精神、发展幼儿能力的一种教学形式。

　　《纲要》第三部分教育活动的组织与实施中指出："教育活动的组织形式应根据需要合理安排，以便为幼儿提供多样化的学习机会和条件，提高教育效益。"《纲要》还指出："要创设一个能使幼儿感受到被接纳、关爱和支持的良好环境，避免单一呆板的言语说教。"

# 一、学前儿童区域教育活动的意义、特点和类型

## (一)学前儿童区域教育活动的意义

**1. 为孩子提供了合作、协商的机会，有利于幼儿社会性的培养**

在区域活动中有单人独立操作，也有多人合作开展操作的活动。例如，科学区中的赛车，就需要一起铺赛车道、选赛车、合作比赛、记录结果等，只有在合作、协商的基础上才能玩得起来。另外，一个区域一般不超过五位幼儿，这时候如果再有幼儿想要加入，就需要幼儿具有协商的能力。

**2. 发展了幼儿动手操作的能力**

在区域活动中，教师会为幼儿提供大量的可供幼儿操作的玩具，并且允许幼儿自主选择，自由摆弄操作，幼儿会在非常自由的状态下操作玩具，操作能力在这个过程中迅速得到提高。

**3. 拓展课程的组织形式，有利于教师的专业成长**

区域活动在有些国家被称为活动课程，是一种新的课程模式，这种课程模式有利于幼儿对知识的探索及自主学习。区域活动在我们国家虽然没有作为课程出现，但是，接受区域活动带来的优势，已经是大家都不愿意放弃的了。所以，许多幼儿园都提倡在活动室里创设几个区域活动区，供幼儿自主学习使用。但是，因为这种课程模式改变了以往传统的教学模式，从而将教师的显性地位变为隐性地位，教师只能通过操作用具来引导幼儿自主地探索学习，对教师来说，增加了难度，需要不断提高自己的专业水平来适应新的活动模式。

## (二)学前儿童区域教育活动的特点

(1) 学前儿童区域教育活动是幼儿自主探索的活动。区域活动必须体现自由探索，没有时间、区域位置、操作内容等的限制，完全是孩子的自由空间。教师不能随意打断幼儿的思考，但要随时观察幼儿的需要，当发现幼儿缺乏必要的操作材料时，要及时补充。

(2) 学前儿童区域教育活动是幼儿自主操作的活动。操作活动是区域活动中最突出的特点，提供了大量的操作材料，让幼儿在操作中得到知识，在操作中训练技能，在操作中体验合作、分享的快乐。

(3) 学前儿童区域教育活动是使教师成为隐性因素的活动。在幼儿园，我们经常看到

教师的嗓子都喊哑了，有些老师还要用话筒上课。这些现象必须引起幼儿教育工作者的思考。这样做对吗？效果如何？所以我们要尝试改变。在区域活动中，教师成为隐性因素，轻轻地和孩子说话，或者再配上轻音乐，让孩子在柔美的环境中学习。

### (三)学前儿童区域教育活动的类型

我们对区域活动可以采用不同的分类方式。按领域来分，有运动区、科学区、社会活动学习区、语言区、音乐角、美工角；按照其操作内容进行划分，有科学探究区、创意绘画区、童话剧表演区等。

## 二、学前儿童区域教育活动中幼儿教师的学习目标及实践操作目标

(1) 针对学习对象选择合适的学前儿童区域活动教育内容、方法和途径。
(2) 学会确定学前儿童区域教育实践操作目标。
(3) 学会选择适合学前儿童区域教育内容的动漫教学元素及其他的操作教玩具。

## 三、学前儿童区域教育活动的实践操作任务

(1) 针对不同的区域类型完成材料投放、隐性指导等相应的任务。确定好区域活动操作使用的动漫教玩具及其他类型的教玩具。平均每位幼儿三种以上，供幼儿选择。

(2) 针对幼儿区域活动的特点，引导幼儿自由自主地去参加区域活动，专注地投入到区域操作活动中，让幼儿按自己的兴趣和意愿选择活动内容、时间和方式。其主要形式为个别性自主学习。

(3) 确定整个区域活动环境，针对学习对象的人数确定合适的教室面积及区域数量，布置好架子、地毯、桌椅等。一般一个区域容纳3～5位幼儿。可以利用活动室、睡眠室、走廊、门厅及室外场地，设置各种活动区。

## 四、学前儿童区域教育活动的实践操作指导要求

学前儿童区域教育活动的实践操作指导要因时、因地、因内容和幼儿的学习特点而不同，注意保持教师直接指导的活动和非直接指导的活动的适当比例，保证幼儿每天有充足的时间在区域中自主地进行活动。

## (一)活动过程中要给予孩子充分的自由

区域活动可以体现一定的教育意图和要求，教师可以通过确定的活动目标制订计划，创设适宜的活动条件，并在活动过程中指导幼儿，激发幼儿对周围环境的兴趣，使其积极实践、操作探索，促进孩子全面和谐地发展。

教师要减少活动倾向的权威性干预，提倡幼儿自主选择，教师不再是"制造兴趣"——幼儿被"填充"进区角，而是顺应幼儿的个体需要与意志，活动内容、活动节奏、活动顺序、活动伙伴、活动规则由幼儿自己决定、商量、协调。

在活动的组织和进程中，都应该以孩子为中心，让他们自由选择、自由探索、自由发表自己的想法，也应当学着自主地评价和自我激励。区域活动中教师的支持性指导有别于集体活动中教师的主导式指导，也就是要从活动的台前到台后，从一个引领者变成一个尊重幼儿意愿的支持者和推动者。这就要求老师们要关注幼儿探索学习的整个过程，这样才能充分了解每一个幼儿的发展水平，有利于正确指导和帮助不同层次的孩子。例如，从美工游戏实施和记录过程中来研究：通过从培养兴趣入手、对幼儿进行引导和鼓励、再次激励幼儿这一过程来激发幼儿。

## (二)幼儿操作过程中教师要灵活运用指导方法

孩子的探索学习需要得到教师的支持、帮助，但这并不意味着教师可以不分情况地随意提供帮助。只有当幼儿确实因其本身经验与能力的局限，致使探索活动难以继续的时候，教师才应给予一定的支持。所以这就要求教师具有敏锐的观察力和判断力。比如当孩子在很专注、很顺利地开展制作活动时，教师最好不要在此时去打扰他，以免中断孩子的思维、影响孩子的活动。

传统教师的角色通常是指挥者，是幼儿的全权代理者，一切课程与活动都是教师事先安排好的，幼儿只需要迎合就可以了。而区域教育活动则要求教师从指挥者的角色转变为观察者、记录者、启发者、引导者等多个角色。蒙台梭利说："不是要让儿童来适应教师，而是教师要努力地去适应儿童、了解儿童，尊重他们内在的节奏和认识事物的顺序，并在他们的活动中做到不要判断，而要协助；不要命令，而要提供服务、创造条件。"

教师要做一名有心的观察者和"隐性"的"导师"。在区域活动中，幼儿是自己自主地学习，通常是自己运用已有经验进行尝试操作，看看是否能够独立解决问题；同时幼儿也能发现许多未知的问题，幼儿有了很多直接面对困难的机会和独立解决难题的机会。

作为教师就应引导幼儿尝试一些新的方法，但绝不是强加给幼儿一切思维与想法。由于区域活动中教师的指导是一种隐性的指导，因此对教师的指导水平和素质要求都比较高，教师应该加强对指导策略的学习。

**案例**

### 美丽的项链

在一个益智区有多种动手操作的材料，杨阳拿起区域活动的小蜜蜂周旋了一圈，好像决定了活动内容，便毫不犹豫地坐在益智区。拿起串珠，刚想穿又放下，然后看着旁边忙碌的雨欣，他似乎看得津津有味。区域活动时间过去了大半，他还没有开始，突然他好像发现什么秘密，就问雨欣："你是不是按颜色有规律地穿的？""是呀！"这时杨阳才开始操作，到活动结束时，他拿着按形状规律串成的项链戴在老师的脖子上说，老师做我的公主……"老师表示愿意做他的公主，同时也给予他很高的评价，告诉他成功了。由此可见，老师必须不断地在观察和倾听的基础上调整自己，以跟上儿童的步伐，以进入他们有灵性的生命世界。

教师应为孩子们营造良好的物质和心理的条件，并将观察结果作为改进教学的根据，进行鼓励和扶持，不包办代替，使孩子们能够坚持自主学习，能够自我服务、自我决策和自由选择，自己完成自己决定要做的事情，从而提高自身发展水平。

当教师发现幼儿在活动中存在一些问题，确实需要介入时，必须寻找最佳的时机来介入。例如，当孩子遇到困难玩不下去的时候，教师应当以一个伙伴的身份，在旁边协助孩子；当孩子之间出现纠纷时，教师应当采取转移视线的方法巧妙地化解矛盾；当孩子对游戏的玩法、规则、扮演角色内容不熟悉时，教师可以以某种特殊的身份参与。

### (三)要重视区域活动后的评价活动

区域活动后的评价，是区域活动的一个重要环节。评价的目的是引导幼儿讲述、讨论、分析，帮助幼儿整理获得的零散经验，引导孩子修正错误的经验，让孩子们分享成功的快乐，提高对区域活动的兴趣，也为下一次活动提出新的要求。有效的评价不仅能够引导孩子总结活动经验，也可以使教师及时发现活动中存在的问题。例如，在活动结束后，让幼儿尽可能想说、多说，表达他的各种想法，表现自我，让幼儿介绍在活动中是怎样玩的，出现了哪些问题，是怎么解决的，这样可以锻炼幼儿的语言表达和自我评价能力。另外，教师还要对孩子的行为发表评价，使他们的良好行为受到赞许和强化，使他们的水平不断地得到提高，从而收到更好的教育效果。

### (四)要及时做好活动过程中的观察记录，合理添加幼儿需要的操作材料

小班幼儿的观察能力较弱，为他们提供的观察物，应以具有明显特征的物品为主。中

班幼儿的观察力、思维能力有所提高,在尽可能保证物品完整的同时,可提供外观具有相似性的物品,并注意其多样性,以发展幼儿求异和求同的思维能力。大班幼儿的好奇心强,求知欲旺盛,独立活动能力增强,可提供能引起他们探究或仔细观察的物品。

## 五、学前儿童区域教育活动的实践操作内容举例分析

学前儿童区域教育活动的实践操作内容举例如表3-1所示。

表3-1 学前儿童区域教育活动实践操作内容举例

| | 实践操作种类 | | 区域分配 | 区域名称 |
|---|---|---|---|---|
| 学前儿童非正规性教学活动——区域教育活动 | 艺术领域 | 感受与欣赏能力培养 | 美术区 | 做鞋底 |
| | 艺术领域 | 表现与创造能力培养 | 创造区;表演区 | 鞋底样品设计师、石头碰碰跳 |
| | 语言领域 | 倾听与表达 | 语言表演区 | 我来说我来演 |
| | 语言领域 | 阅读与书写准备 | 语言操作区 | 游中雁 |
| | 数学领域 | 数学认知能力培养 | 数学区 | 我是小小工程师 |
| | 科学领域 | 探究能力培养 | 种植角 | 美丽的小花园 |
| | 健康领域 | 身心状况发展 | 室内操作区 | 沙盘游戏 |
| | 健康领域 | 动作发展 | 户外体育活动区 | 我来捞宝贝 |
| | 健康领域 | 生活习惯与生活能力 | 生活常识活动区 | 穿衣服 |
| | 社会领域 | 人际交往能力培养 | 角色游戏区 | 宝宝之家 |
| | 社会领域 | 社会适应能力培养 | 角色游戏区 | 超市 |

### 案例一:艺术领域——感受与欣赏能力培养——美术区

**实操活动名称:** 做鞋底(如图3-1所示)

**实操活动目的:**

(1) 知道鞋底是温州乐清白石镇的一项特色手工业产品。

(2) 了解鞋底的制作过程,并模拟相关操作。

(3) 通过橡皮泥的揉、捏、压等动作让幼儿体验制作鞋底的乐趣。

**实操活动准备:**

橡皮泥、自制模具(鞋模)。

**实操活动过程:**

1. 认知练习

——教师在开展区域活动前进行示范讲解。

——教师从美术区中选择"做鞋底"这一操作内容。

——教师打开模具,拿出橡皮泥。

——将橡皮泥揉、捏、压成跟模板差不多大小，放进模板中，将模具盖盖上。

——用力一压，再将模具打开，取出"鞋底"。

——将多余的橡皮泥切割下来，这样一只完整的鞋底就做好了。

——然后将操作作品——做好的鞋底放到架子上。

2. 比对练习

——看看，摸摸，想想。什么是鞋底模具？什么是泥？如何将鞋底做出来？

3. 确认练习

——幼儿自由选择，一次只允许五位幼儿同时进行操作。

——幼儿学习操作，在模具上做鞋底，品尝成功的乐趣。

**实操活动注意事项：**

(1) 鞋底是温州乐清白石镇的特色手工业产品，随着时代的进步，现在鞋底都用机械来生产了。为让幼儿了解家乡，体验传统的制作方法，特地用自制的模具让幼儿动手操作制作鞋底。对这一简单的操作活动，幼儿兴趣极其浓厚，当了一回工人叔叔，在做鞋底期间也知道了相互之间需要彼此合作。

(2) 在制造过程中还存在着一些问题。因为自制的鞋模是木板做的，而且刻上花纹后，木板表面就显得不是很光滑，还有橡皮泥又太软，有时用力过猛会使橡皮泥与模具(自制木模)粘在一起。

图 3-1　做鞋底

(本操作方案由温州白石镇中心幼儿园提供)

## 案例二：艺术领域——表现与创造能力培养——创造区

**实操活动名称：** 鞋底样品设计师(如图 3-2 所示)

**实操活动目的：**

(1) 让幼儿了解鞋底的用途及特征。

(2) 学习绘画设计创新的能力。

(3) 体验操作过程的愉快。

**实操活动准备：**

画纸若干、剪刀、蜡笔、鞋底样品。

**实操活动过程：**

1. 认知练习

——教师在开展区域活动前进行示范讲解。

——教师从创造区中选择"鞋底样品设计师"这一操作内容。

——教师拿起一张画有一双鞋底外形的纸。

——思考怎么设计。方法一：整个鞋底用一种图形将它画满，如圆形。

——还可以这样设计，先在鞋底的中间画一条线，将鞋底上下分开，然后，上半部分设计一个图案，如一个小娃娃的头形，下半部分设计另一个图案，如都画上横线。

——沿着鞋底外轮廓剪下来，就完成了。

——将设计好的鞋底图案放到展示区。

2. 比对练习

——说一说。老师为小朋友准备了什么材料？蜡笔在哪儿？鞋底样品在哪儿？

——老师是怎么设计的？(上下两种图案)

——你想设计什么样的？

3. 确认练习

——根据幼儿自己的愿望选取。

——幼儿人手一张画纸、一把剪刀、一些蜡笔，在观看学习样品的基础上，设计出花纹图案，然后再用剪刀剪出鞋底。这样，一个鞋底就设计好了。

**实操活动注意事项：**

(1) 在"鞋底样品设计师"活动中，幼儿需要通过外出参观、实地观察、观看多媒体课件、实际操作、印画等活动对鞋底从哪里来和鞋底的大小、软硬、花纹等积攒一定的知识经验，然后体验自己来当设计师制作鞋底的乐趣。

(2) 在活动的实施过程中，虽然有些孩子对鞋底从哪里来并不知道，但教师也不用将答案公布出来，可以捕捉幼儿的兴趣点，及时设置问题，留给幼儿思考与探索的空间，从而有利于下一个环节的生成。另外，在认识鞋底的大小、厚薄及各种花纹时，孩子可以通过实物比较，直观地了解鞋底，而且可以自己来设计鞋底。在这一环节幼儿的兴趣很高，能进一步认识花纹，幼儿也可以自己想象各种不同的花纹，自己来设计。

图 3-2 鞋底样品设计师

(本操作方案由温州白石镇中心幼儿园提供)

## 案例三：艺术领域——表现与创造能力培养——表演区

**实操活动名称：** 石头碰碰跳

**实操活动目的：**

(1) 初步认识石头，用肢体动作表达石头的玩法。

(2) 体验音乐所带来的快乐。

**实操活动准备：**

Flash 动画、石头若干、音乐磁带。

**实操活动过程：**

1. 认知练习

——认识石头。教师出示石头，简单地讲解石头的特征，并说说石头的几种简单玩法：碰、滚、跳。

2. 比对练习

——玩石头。幼儿自由地玩石头，请个别幼儿表演玩法。

——幼儿观看动画，边熟悉音乐边拍手。

3. 确认练习

——碰碰跳。教师带领幼儿学习小石头的碰、跳。幼儿每两人一组跟着音乐一起做。

方法：碰碰屁股、碰碰肩膀、碰碰肚子。

3　1　3　1　｜　5　5　5　｜　3　1　3　1　｜　2　2　2　｜
×　　×　　×　　　　　　　　×　　×　　×

3　1　3　1　｜　6　6　6　｜　5 6 5　3　5　｜　2　3　1　｜
×　　×　　×　　　　　　　　　　×　　×

**实操活动注意事项：**

本课程简单形象化地突出了石头的几种玩法：碰、跳。根据幼儿的年龄特点，通过石头动画来吸引幼儿，让他们进一步增强对音乐的浓厚兴趣。在学习石头碰、跳的同时，培养幼儿的合作精神，与同伴一起相互碰碰、跳跳。注意在分解动作时要让幼儿多次练习再进行游戏。

(本操作方案由温州白石镇中心幼儿园提供)

### 案例四：语言领域——倾听与表达——语言表演区

**实操活动名称：** 我来说我来演(如图 3-3 所示)

**实操活动目的：**

(1) 大胆地选择喜欢的游戏内容和材料，自主、愉快地游戏。

(2) 在活动中发展幼儿的交往能力，提高幼儿自己发现问题和解决问题的能力。

(3) 在角色游戏中提高角色意识，并自己发展游戏情节，锻炼幼儿的扩展性思维。

(4) 锻炼幼儿的口语表达能力，学会创造性地进行面具表演活动。

**实操活动准备：**

活动背景音乐、各种头饰、各种服饰、环境的创设、各种书本。

**实操活动过程：**

1. 认知练习

——介绍今天的活动内容，提出活动要求。

——出示区域活动自评表，让幼儿通过今天的活动评价自己的行为，并盖上自己的小印章。

——教师指导。

(1) 教师观察幼儿在活动中的表现，并适时介入。

(2) 教师鼓励幼儿在遇到问题时，先想一想，再试一试。

(3) 教师介入扮演其中的角色，与幼儿一起表演。

(4) 教师帮助游戏中个别有困难的幼儿，鼓励幼儿大胆交往。

2. 比对练习

——幼儿按意愿开展区域活动。

——听音乐，幼儿进入区角，开展游戏活动，学会扮演角色，就今天要表演的内容互相讨论。

3. 确认练习

——幼儿展示自己的舞台剧，增强自信心及成功感，并体验分享的快乐。

——说说今天的新发现，怎么发现的、结果怎么样，鼓励幼儿下一次自己去试一试。

——讲讲幼儿在活动中遇到的困难，是怎样解决的。

——教师小结今天幼儿游戏的情况，收拾玩具、材料。

——今天，小印章特别忙，我猜你们是不是学会了许多本领？不过，我还不知道你们学会了什么。讲给大家听听。

**实操活动注意事项：**

(1) 孩子们在表演的过程中，必须明确地知道自己所扮演的角色，知道自己的立场。

(2) 教师的参与不能限制幼儿的思维能力。

(3) 材料的投放必须齐全。

(4) 评价要求：看幼儿是否达到角色表演的目标；是否发展了孩子的语言能力和表演能力；评价教师和孩子的配合度。

图 3-3　我来说我来演

图 3-3 我来说我来演(续)

(本方案由实艺教育集团实艺新城幼儿园莫扎特一班提供)

### 案例五：语言领域——阅读与书写准备——语言操作区

**实操活动名称：** 游中雁

**实操活动目的：**

(1) 引导幼儿认识中雁荡山的几处有名的景点及常用汉字。

(2) 培养想象力和语言表达能力。

**实操活动准备：**

一幅风景图形的棋盘图片，黑白棋子和骰子若干。

**实操活动过程：**

1. 认知练习

——教师向幼儿介绍操作材料。今天老师为小朋友准备了一幅风景图形的棋盘图片、黑白棋子和骰子。

——这些东西怎么用呢？教师示范一次。扔骰子，得到数字，数字是多少就走多少格。如果是3，就走3格。点数大的先走。

2. 比对练习

——请小朋友说说老师带来了哪些材料。

——请一位小朋友来试一试，怎么下这盘棋。

3. 确认练习

——幼儿每两人一组把棋子放在图形棋盘的起点上，经过扔骰子，点数大的先走。

——根据骰子的点数，把棋子放在图片上相应的景点，并讲出该景点的名称(该幼儿必须说出这是什么地方、可以干什么的短句)。两位幼儿轮流玩。

——认不出汉字或说不出完整短句，就算输，停玩一次，最后谁的棋子先到终点谁就胜利。

**实操活动注意事项：**

(1) 在实践中，教师往往习惯于对集体教学活动投入较多的时间与精力，而对幼儿的游戏特别是自选游戏的指导并不充分，有时甚至采取放任自流的态度。为此，特设计了《游中雁》以棋类为主的益智游戏。通过此游戏，让幼儿进一步认识中雁荡山的一些有名的景点。

(2) 以玩棋比赛、谁先到达终点的游戏形式来认识中雁荡山各景点，其教学效果不错。在整个游戏教学过程中，轻松愉快的氛围贯穿着整个活动。但在游戏的玩法和规则上强调不够，在棋盘的设计上还不完善。

(本操作方案由温州白石镇中心幼儿园提供)

## 案例六：数学领域——数学认知能力培养——数学区

**实操活动名称：** 我是小小工程师(如图3-4所示)

**实操活动目的：**

(1) 尝试运用不同的材料进行建构，提升想象力、创造力和合作能力。投放各种色彩鲜明、富有变化的材料吸引幼儿，激发幼儿对建构的兴趣。

(2) 幼儿在玩的过程中，提高想象力和动手操作的能力，学会搭建技能，促使不同能力水平的幼儿都能得到发展。

(3) 通过游戏规则的约束，帮助幼儿逐步适应各种规则，养成遵守规则的好习惯。

**实操活动准备：**

大小不同的纸盒，工程师安全帽，各种易拉罐，色彩鲜明的积木、木板、木块，各种汽车模具。

**实操活动过程：**

1. 认知练习

——幼儿自主选择区域，插上区域牌，进入小工坊，佩戴好安全帽，利用已有的材料将各种积木、纸盒进行拼搭，给路边建上围栏和房屋。

——开小汽车的幼儿根据指示灯进行行驶。

——教师引导幼儿运用不同的建构方式或辅助材料丰富搭建内容，充分表达生活中获得的知识和经验。教师应注重个体差异，接纳和肯定幼儿富有个性的搭建方式，使每一位幼儿都获得成功的感受。

2. 比对练习

——在拼搭过程中，教师鼓励幼儿主动讲述自己的作品，或与伙伴交流和分享，但要求幼儿交流时要轻声细语。

——教师与幼儿一同欣赏搭建的成果，并适时提出问题。

——教师在观察过程中，及时记录观察到的现象。

3. 确认练习

——教师播放音乐，幼儿收拾玩具，将玩具摆放到原来的位置。

**实操活动注意事项：**

(1) 幼儿：要求幼儿能根据自己的生活经验拼搭出建构内容，能说出自己的想法。在拼搭过程中，要小声交流，不争抢玩具，学会互相合作，收拾玩具时，会把玩具放回原位。

(2) 老师：多给孩子鼓励和肯定，让孩子拥有自主、自尊、自信。在孩子提出疑问时，教师要及时引导和解决。

图 3-4　我是小小工程师

图 3-4 我是小小工程师(续)

(本方案由实艺教育集团实艺新城幼儿园奥尔夫一班提供)

### 案例七：科学领域——探究能力培养——种植角

**实操活动名称：** 美丽的小花园

**实操活动目的：**

(1) 让幼儿每天在各个环节的过渡时间或在来园和离园的时候随时到种植角观察。

(2) 在种植活动中，懂得生命和成长的意义。

**实操活动准备：**

在教室内向阳的角落或走廊上开辟一个种植角，种一些易活、生长速度较快的植物。

**实操活动过程：**

1. 认知练习

——教师带幼儿参观设置的种植角。

——教师一一向幼儿介绍已经摆放在里面的植物。

——教师示范种蚕豆花的过程。

——取一个花盆(可以是易拉罐)，倒进大半的泥土，用木棒在泥土的中间挖一个坑，放入种子，用旁边的土将它盖住，轻轻压一压，最后浇上水，完成后将它放到植物角的架子上。

2. 比对练习

——请小朋友看看老师为你们准备的东西，都有什么？有花盆、有泥土、有木棒、有种子、有水。

——刚才老师做了哪些动作？取花盆、倒泥土、用木棒挖坑、放种子、压一压、浇水。

3. 确认练习

——有兴趣的孩子可以试试看。

**实操活动注意事项：**

(1) 种植角的活动不需要像集体教学活动那样在老师的统一指导下进行，幼儿可以与种植角的植物朝夕相处，可以自由地接触种植角中的植物，他们很容易把种植角中的植物看成是自己班上不可缺少的一分子，慢慢地，种植角成了幼儿与自然的一个独特的纽带。

(2) 中、大班的孩子可以学习做简单的记录，了解植物的生长过程和变化。

## 案例八：健康领域——身心状况发展——室内操作区

**实操活动名称：** 沙盘游戏

**实操活动目的：** 通过沙盘游戏可以唤起童心，帮助幼儿顺利地开展社会化进程。

**实操活动准备：**

沙盘：尺寸为57厘米×72厘米×7厘米，玩具、动物、树木、各种船、飞行物、建筑物、桥、栏杆、石头、怪兽等。

**实操活动过程：**

1. 认知练习

——教师一一介绍：这是沙盘，这里有许多玩具，有人、有花草、有车等。

——我们可以选择玩具，把它们放到沙盘里。

——请小朋友用沙子和玩具，在箱子进行创作，做什么都可以。

2. 比对练习

——请小朋友来看一看、摸一摸。

——沙子摸上去感觉怎么样？

——有哪些玩具？在哪儿？

3. 确认练习

——幼儿按照自己的意愿开始玩沙盘游戏。

——教师对做沙盘游戏的幼儿的解释及放玩具的顺序和最终作品都要拍照记录(需得到幼儿的同意)。

——教师进行分析,包括整体性(对作品的整体感受及印象如何)、空间配置(幼儿作品在沙箱空间的左右配置、玩具的摆设状况)、主题(作品表现的主题)。

**实操活动注意事项:**

沙盘的解释是一项非常专业的工作,不同的人对沙盘操作可能会有不同的解释,所以不要轻易对幼儿下结论,而应注重幼儿的发展性。

### 案例九:健康领域——动作发展——户外体育活动区

**实操活动名称:** 我来捞宝贝(如图3-5所示)

**实操活动目的:**

(1) 幼儿能协调、灵活地跳圈。

(2) 乐于与同伴共同探索可回收物品与不可回收物品的种类。

**实操活动准备:**

幼儿能识别可回收物品和不可回收物品;小呼啦圈、篓子若干。

**实操活动过程:**

1. 认知练习

——将幼儿分成人数相等的两组,分别站在各自的起跑线上。

——教师宣布开始,两组的第一名幼儿跳圈到终点(遇单圈时单腿跳,遇双圈时两脚分开同时跳)。

——幼儿到终点后,在终点的"寻宝区"里将可回收物品选出并放入空篓中,再沿原路返回,拍第二名幼儿的手依次进行。

2. 比对练习

——看看老师为小朋友准备的小呼啦圈、篓子在哪儿?

——请小朋友来试一试,怎么样跑到终点?

3. 确认练习

——教师及时鼓励表扬。

——比一比,看哪一组跑得快、选得快。

**实操活动注意事项:**

(1) 注意强调实操活动规则。要跳到圈中心不能踩线。跳双圈时一定要双脚同时落地。从终点"寻宝区"里选出的可回收物品必须放入空篓中。

(2) 在体育活动"我来捞宝贝"的活动中，小朋友们都非常积极地参与，大家玩后还想玩。在玩的过程中，可以将可回收物品藏到其他物品里，让幼儿去寻找，增加捞宝的难度，才会使他们更有成就感，玩得更开心。

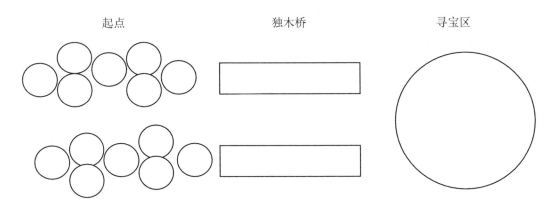

图 3-5　我来捞宝贝

(本操作方案由温州白石镇中心幼儿园提供)

## 案例十：健康领域——生活习惯与生活能力——生活常识活动区

**实操活动名称：**穿衣服

**实操活动目的：**

(1) 通过操作让幼儿学会穿衣服、裤子等。

(2) 懂得穿着整洁的孩子会被大家喜欢。

(3) 掌握服装的名称和穿着的顺序。

**实操活动准备：**

穿衣服顺序的图片及幼儿服装。

**实操活动过程：**

1. 认知练习

——介绍穿衣服的顺序。

——让幼儿看穿衣服顺序的图片，将图片排列好。

——穿衣服→穿裤子→穿袜子→穿鞋子→全部穿好。

2. 比对练习

——请小朋友来摆一摆顺序。

——将图片装订好，变成一本图书，让幼儿边看边讲。

3. 确认练习

——根据幼儿自己的意愿选择活动。

——在老师的帮助下，幼儿学习穿衣服。

**实操活动注意事项：**

(1) 这是个非常实用的活动，既有趣又好玩，非常吸引孩子。

(2) 小班做这个区域活动需要老师的帮助，中班可以独立来做，大班可以提供多种服装，要有变化，让幼儿来试穿，提高幼儿的兴趣和创新能力。

## 案例十一：社会领域——人际交往能力培养——角色游戏区

**实操活动名称：** 宝宝之家(如图3-6所示)

**实操活动目的：**

(1) 孩子们能够积极快乐地在区角里玩。

(2) 孩子的语言能力、交往能力和合作能力得到进一步的发展。

**实操活动准备：**

吧台、茶几、床、塑料餐具(碗、小勺等)、娃娃。

**实操活动过程：**

1. 认知练习

——教师介绍新增区域玩法，并请个别幼儿尝试。

——教师示范玩法。

——教师指导重点。一要观察宝宝之家的幼儿是否会模仿爸爸妈妈的待客之道。二要为能力弱的幼儿提供适时的帮助或者引导。三要观察其他区，注意幼儿在活动区的兴趣、情绪和活动的表现，对活动中有困难的幼儿进行适当的指导。

——幼儿分组拿区域牌。拿区域牌时要做到不推不挤。拿到区域牌后将区域牌插好，选择自己想在娃娃家担任的角色，幼儿自由分配角色，相互自我介绍，明确游戏伙伴的身份。

2. 比对练习

——在娃娃家活动时幼儿可以给娃娃做饭、哄娃娃睡觉等。

——幼儿也可以扮演客人的角色，小主人来招待客人，小主人应主动、热情地招待客人。模仿爸爸妈妈招待客人的样子。

3. 确认练习

——播放收玩具的音乐，幼儿收拾玩具。

——活动结束，评价活动。教师点评幼儿进区域的表现，表扬整个活动中表现棒的幼儿。

**实操活动注意事项：**

(1) 重点观察宝宝之家的幼儿是否会模仿爸爸妈妈的待客之道。

(2) 对于能力弱的幼儿，教师给予适时的帮助或者引导。

(3) 教师注意观察幼儿在活动区的兴趣、情绪和活动的表现，适当给予引导。

图 3-6　宝宝之家

(本方案由实艺教育集团实艺新城幼儿园提供)

### 案例十二：社会领域——社会适应能力培养——角色游戏区

**实操活动名称：** 超市(如图 3-7 所示)

**实操活动目的：**

(1) 教师引导孩子尝试挑选自己需要的商品，学习排队付钱，灵活运用货币，根据币值购买等价的物品，了解超市的一般程序。

(2) 教师在活动中引导幼儿购买商品时说出商品的名称。

(3) 教师鼓励孩子使用礼貌用语与他人沟通交谈，并且运用自己的社交能力解决出现的实际问题。

**实操活动准备：**

仿真货币 10 元、5 元、1 元等；超市的蔬菜、水果和烧烤等。

**实操活动过程：**

1. 认知练习

——教师请孩子们先将自己的区域牌插好，然后选择自己想在超市里担任的角色。

——我们在超市准备了工作人员的服装，孩子们穿好自己的工作服进入自己的岗位。

——开始营业了，顾客可自由地在超市里选购自己需要的物品，也可以请导购员帮忙。

——顾客选购好自己的物品再到收银台结账。

——客流量多时顾客需要排队买单，收银员需要运用礼貌用语与顾客沟通。

——用自己钱包里的钱进行结账。

——超市里还准备了餐桌，顾客购买好自己的物品可在餐桌上用餐，用餐完毕后直接将物品放在桌子上的盘子里即可，导购员会将这些食物清理掉的。

2. 比对练习

——教师请孩子们先将自己的区域牌插好，然后选择自己想在超市担任的角色。

——我们在超市准备了工作人员的服装，孩子们穿好自己的工作服进入自己的岗位。能告诉我，你是干什么的吗？

3. 确认练习

——幼儿根据意愿选择角色，来参与活动。

**实操活动注意事项：**

(1) 在收银处和服务员交谈的时候要准确地算出购买物品的价格，并且知道找钱和缺钱的含义，当孩子们出现问题时尽量先让他们自行解决。

(2) 在操作的时候需要保持安静，不可影响其他区域的幼儿；沟通时需轻声细语，不可大声喧哗。

(3) 家长要配合的是，平时去超市购买物品的时候可以让幼儿自主地选购，并且尝试让孩子自己去收银台结账，家长则在一旁协助和观察，这样孩子熟练以后可以灵活地操作超市的购买活动。

图3-7 超市

图 3-7　超市(续)

(本方案由实艺教育集团实艺新城幼儿园巴赫班提供)

## 第二节　学前儿童创造性游戏教育活动的设计和实操练习

《纲要》中第三部分教育活动的组织与实施指出:"教育活动内容的组织应充分考虑幼儿的学习方式和特点,注重综合性、趣味性,寓教育于生活、游戏之中。"

学前儿童游戏教育活动是符合学前儿童年龄特点的为孩子所喜爱的一种活动形式,它既是学习方法,又是学习的途径。幼儿游戏是指幼儿运用一定的知识和语言,借助各种物品,通过身体运动和心智活动,探索周围世界的一种活动形式。

通过学前儿童游戏活动的实践操作练习,学前教育专业的学生以及幼儿园教师可以了解学前儿童游戏活动的一般原理和方式方法,学习学前儿童游戏活动步骤的设计及实施,学习对游戏实践活动实施效果的评价和反思。

## 一、学前儿童游戏教育活动的意义、特点和类型

### (一)学前儿童游戏教育活动的意义

游戏的过程即孩子自我发展的过程,其中隐藏着重要的教育动因,内含着教育方法的契机,因而有着不容忽视的教育价值。近年来,越来越多的研究不仅证明了游戏在儿童的智力、社会性、情感和身体等各个方面的发展中具有极为重要的作用,而且也证明了游戏对于儿童个性的发展会产生一定的影响。研究发现,喜欢游戏、会游戏的孩子,往往情绪积极愉快,想象力灵活丰富,交往广泛。

1. 学前儿童游戏教育活动能促进幼儿智力的发展

实验表明,游戏是包含了多种认知成分的复杂的心理活动,是儿童的最佳学习方式。正因为游戏本身包含了丰富的认知成分,所以它能促进儿童的认知发展,促进儿童的学习。

2. 学前儿童游戏教育活动能促进幼儿的身心发展

幼儿每天除了吃饭、睡觉以外都在不停地活动,幼儿的这种活动可以说都是玩。所以游戏是幼儿的生活,也是幼儿的一种工作。古希腊哲学家亚里士多德指出:"游戏对人的健康发展有着重要影响。"幼儿通过游戏体会到成功的快乐,在游戏里能做到在现实生活中做不到的事情,从而使心理得到满足。当然,幼儿参与游戏的过程本身就是一个运动的过程,在游戏教育中渗透适量的体育活动,能更好地促进幼儿的生理发育。由此看来,幼儿可以通过游戏得到成长和发展,同时认识和理解这个世界。

3. 学前儿童游戏教育活动增强了幼儿的协调沟通能力

游戏对幼儿的诱惑,可以使他们控制自己的行为而遵守规则,也可以让幼儿从新的角度看问题。游戏的规则,有的是明显的规则,有的是隐藏的规则,幼儿必须按照规则控制自己的行为,学会用规则协调关系。幼儿在游戏中可以学会与人交往、协商、谦让、解决纠纷、遵守规则等社会行为。

4. 学前儿童游戏教育活动能提高幼儿适应环境的能力

幼儿有着很强的依赖性,在家依赖父母,在幼儿园则依赖老师。正是因为如此,幼儿

对周边陌生环境总是会产生莫名的恐惧，幼儿参与活动和进行学习体验总是盲目而且低效的。以游戏教育为契机，提高幼儿的环境适应能力，促进幼儿良好的情感体验，就能达到让幼儿由参与游戏到接受教育的目的。

### (二)学前儿童游戏教育活动的特点

#### 1. 自主性

孩子都很喜欢玩游戏，因为游戏是幼儿的物质、文化和社会活动。在玩游戏的过程中，幼儿可以自由地选择角色，自主地选择玩伴，自己支配时间等，这一点在主题游戏中表现得尤为突出。主题游戏有情境活动，有角色分工，会让幼儿投入浓厚的兴趣和高涨的情绪，使游戏达到高峰。

#### 2. 象征性

游戏的另一个重要特点就是用不相干的事物代替现实事物或以现实中不存在的事物形象来表征现实事物，进行游戏。

在游戏中，幼儿通过想象建构虚假游戏情境，越来越少地依赖现实事物的支持，对真实情况的依赖性更加减弱，从而进行创造性活动。

#### 3. 过程性

幼儿沉迷于游戏活动的过程，而不在乎游戏的结果。游戏的动机是体验活动过程。

### (三)学前儿童游戏教育活动的类型

在我国幼儿园教育中，一般根据游戏的教育作用和特点将游戏划分为两大类，即创造性游戏和规则性游戏。本节我们重点讲述创造性游戏。

创造性游戏是幼儿主动地、创造性地反映现实生活的游戏。幼儿在创造性游戏中不是简单地直接再现周围的生活现象，而是通过头脑的再造和想象来反映现实世界。创造性游戏分为角色游戏、结构游戏和表演游戏等。

#### 1. 角色游戏

角色游戏是幼儿按照自己的意愿扮演角色，通过模仿和想象，独立自主地、创造性地反映现实生活中的活动。

角色游戏是幼儿时期最典型、最有特色的游戏。它的特点如下。

一是经验性。幼儿所拥有的生活经验是角色游戏的源泉。

二是自主性。幼儿玩什么主题、有多少个角色、情节如何演进、使用什么玩具等，幼儿都可以自己设计编定，自主性得到了最大限度发挥。

三是想象性。它表现在两方面。一方面扮演自己熟悉的角色，通过语言、表情、动作等表现出自己对这些角色的认知和体验，这一过程体现了儿童的想象活动。另一方面儿童在游戏中使用玩具，以物代物正是幼儿创造性的想象活动。

### 2. 结构游戏

结构游戏又称"建筑游戏"，是幼儿用多种结构材料(如积木、积塑、沙石、泥、雪、金属材料等)，通过想象和实际的创造行为，构造建筑物或建筑形象的游戏活动。它的特点如下。

一是材料多样性。多种多样的结构材料是这种游戏的基础。

二是造型性。在这种游戏活动中，幼儿必须直接动手操作，才能够创造出一定的物体形象。幼儿对材料的操作与造型是结构游戏的核心所在。

### 3. 表演游戏

表演游戏是幼儿根据故事、童话的内容，借助于语言、动作、表情等完成活动或角色扮演的游戏。它的特点如下。

一是表现性。幼儿所扮演的角色是文艺作品中的人物，更多的是要表现出文艺作品中的角色特点。

二是自娱性。表演游戏不是幼儿的文艺演出，不是以演给别人看为目的的，而是自娱自乐的一种游戏活动。

三是自创性。幼儿可以参照文艺作品的内容，根据自己的意愿来选择相应的表演方式，增减表演内容与情节。

## 二、学前儿童游戏教育活动中幼儿教师的学习目标及实践操作目标

(1) 针对学习对象选择合适的学前儿童游戏活动内容、方法和途径。
(2) 学会确定学前儿童游戏活动实践操作目标。
(3) 学会选择适合学前儿童游戏活动内容的动漫教学元素及其他的操作教玩具。

## 三、学前儿童游戏教育活动的实践操作任务

(1) 针对不同的活动目标、内容选择不同的场地、材料，引导幼儿在游戏中轻松、愉快地练习学过的知识和技能。

(2) 教师针对幼儿的学习能力，有步骤地完成指导的任务。

(3) 确定整个学前教育游戏活动操作环境，针对学习对象准备好游戏操作活动使用的动漫教玩具及其他类型的游戏玩具。

## 四、学前儿童游戏教育活动的实践操作指导要求

(1) 明确幼儿喜欢什么、会什么。了解这个年龄段的儿童在动作、语言、适应性行为(即认识事物的能力)、与人交往等方面的水平，也就是这个年龄段的儿童都会些什么。

(2) 游戏要带给儿童欢乐。因为游戏不是教学，不是上课，是比较轻松的活动。

(3) 游戏的内容要尽量简单。游戏要符合这个年龄阶段的理解水平，儿童才会有兴趣玩。

(4) 提供的材料可以让幼儿即兴创造。一只铝锅盖可以当成一面小锣；一张广告纸可以当作折飞镖的好材料。

(5) 玩游戏时注意安全。特别是在户外做的活动性游戏，更要选好场所，地面不能坑坑洼洼的，而且应防滑，以免发生危险。

(6) 教师要有饱满的热情。玩游戏时，教师的精神状态一定要饱满，表现出非常感兴趣的样子，这样幼儿才愿意和教师一起玩。

## 五、学前儿童游戏教育活动的实践操作内容举例分析

学前儿童游戏教育活动的实践操作内容举例如表 3-2 所示。

表 3-2　学前儿童游戏教育活动的实践操作内容举例

|  | 实践操作种类 | 实操活动名称 |
| --- | --- | --- |
| 学前儿童非正规性教学活动<br>——区域活动 | 角色游戏 | 印象罗马美发馆、儿童医院 |
|  | 结构游戏 | 我是建筑师 |
|  | 表演游戏 | 我的舞台我做主 |

### 案例一：创造性游戏——角色游戏

**实操活动名称：** 印象罗马美发馆(如图 3-8 所示)

**实操活动目的：**

(1) 幼儿能有始有终地参与到游戏中。

(2) 幼儿喜欢摆弄和操作各种美发材料，爱护玩具和物品。

(3) 幼儿选择自己喜欢的角色，在游戏中乐于与同伴交往，并用语言表达自己扮演的角色。

(4) 教师可以尝试准备一些材料，在游戏中进行替代。

**实操活动准备：**

(1) 美发馆的道具。

(2) 各种理发工具，假发，烫头发工具，洗发露，镜子，蓬头，热水器。

**实操活动过程：**

1. 认知练习

——教师引导幼儿：我们要开始做角色游戏——印象罗马美发馆了。

——从美发馆拿出美发用具、围兜、梳子和剪刀。教师：现在我要说说怎么用梳子剪刀来修剪头发。

——请一位顾客坐下，围上围兜。

——先用梳子梳起一部分头发来，然后用剪刀剪去上面的部分头发，每一次都要剪一样长。

——将头上所有的头发都剪一遍。

——让顾客从镜子中看看是否满意，哪个地方需要修剪。

2. 比对练习

——请小朋友看一看、摸一摸。围兜挂在哪儿？梳子、剪刀放在哪儿？

——谁能告诉大家，该怎样修剪头发？

3. 确认练习

——根据幼儿的意愿开始游戏。

——美发师小朋友穿上美发师的工作服，拿起电吹风、各色发夹、彩带招呼着眼前来回走过的小伙伴：快来美发呀！我们的美发技术是一流的，保证让你满意。果然有几个爱美的小姑娘禁不住诱惑走了进来。

——"我想做个新娘头"，一个小朋友翻开了桌上的美容书，指着其中的一页说。美发师小朋友马上热情相迎，并像模像样地拿起吹风机为她塑造发型，用橡皮筋扎了个马尾，选了几个彩色发夹固定发型，最后插上了彩色绸带，这个小朋友满意地点了点头。此时一旁的另一个小朋友着急说："我也做一个发型，但你要做得和美容书上一模一样，头发也要彩色的。"美发师小朋友一时为难起来，说："这里没有染发剂，我给你戴上两个假发圈吧，也很好看。"顾客小朋友一看说："好啊。"两人就非常开心地玩着。

**实操活动现象分析：**

从美发店游戏中可以看出，中班孩子的角色游戏的主题有所扩展，情节得到了发展，比起小班幼儿的角色游戏情节要复杂。因为随着年龄的增长，中班幼儿在日常生活中积累了一定的生活经验，他们的思维特点也由直觉行动性开始转向具体形象性。美发师能向客人作介绍且会用语言招呼客人，能用语言与同伴交往。中班幼儿在进行角色游戏时能认真地扮演角色，并且有了初步的规则意识。随便离开岗位的现象少了，因为他们在游戏前就分配好了各自的角色，有了一定的角色意识。从游戏过程中还能发现现有的游戏材料是否已不能满足幼儿游戏情节发展的需要。而材料投放是要以幼儿的兴趣为出发点的，游戏中幼儿根据自己的愿望和想法与玩具材料发生互动，才能使活动的方式方法具有灵活性，才有可能使幼儿真正产生兴趣和进行自主体验。在美发店中的道具非常丰富，孩子们玩得很开心。

实操活动注意事项：

①在幼儿自主性游戏中，老师不能扮演传统意义上的角色。②老师要敏锐地观察每个孩子的每一点变化，了解他们的每项兴趣与需要。③通过环境材料的创设和适当的介入支持幼儿的游戏。游戏中观察到美发店生意很好之后，可以以游戏者的身份用自己的行动以及游戏的语言和材料，暗示幼儿的游戏行为，促进幼儿游戏的发展。因此可以及时提供、调整游戏材料，且为幼儿提供一些半成品，指导幼儿以物代物、一物多用，让幼儿能够自主地活动。

图 3-8　印象罗马美发馆

## 案例二：创造性游戏——角色游戏

**实操活动名称：** 儿童医院(如图 3-9 所示)

**实操活动目的：**

(1) 使幼儿感受医院的温馨，减轻对医院的恐惧感，了解爱锻炼、讲卫生的好处。

(2) 初步了解医院的主要用途、基本构造，认知医疗器械，知道在医院看病的程序以及要遵守的规则。

(3) 掌握一些简单疾病的预防知识。

**实操活动准备：**

(1) 自制中药、各类药盒、医疗器械。

(2) 医生服、护士服。

(3) 幼儿对医院的看诊过程有一定的了解，认识医院的基本布局及科室标记。

**实操活动过程：**

1. 认知练习

——小朋友，一会儿我们要玩医院的角色游戏了。

——上次玩的时候，发现小朋友都很喜欢当护士，或当病人去打吊针。

——今天老师也来学一学。

——护士小姐先请病人坐好，再挂好药瓶，准备注射。

——在病人的手臂上扎好皮管子，找到蓝色的静脉，模拟扎针，用胶带固定住针头。

——看看瓶子中的药水是否能正常地流下来。

——打吊针的过程中，经常要过去看一看，问一问病人有没有不舒服的地方。一直到打完吊针。

2. 比对练习

——哪位小朋友来说说在医院的哪个地方打吊针？有些什么东西？

——哪位小朋友来说说怎么打吊针？

3. 确认练习

——幼儿拿区域牌进入区角，按个人意愿分工选择医生、病人、护士的角色。

——幼儿开始活动，进行角色表演：病人付钱挂号、医生问诊填写病历卡、病人根据病情挂点滴打针、病人取药付款。护士知道正确的输液方法是从血管打入，打入前要用酒精棉签消毒，输完液用棉花压住针口等。

——取药付钱后护士将中药或者西药装好袋交给病人，病人可以在休息室稍作休息。教师巡回观察，及时地引导孩子。活动结束后，幼儿共同将器械整理归位。

**实操活动注意事项:**

(1) 挂号处的人员询问病人挂号,知道收钱的含义,当幼儿出现问题时尽量先让幼儿自行解决。

(2) 幼儿在操作的时候需要保持安静,不可影响其他区域的幼儿,沟通时要轻声细语,不可大声喧哗。

(3) 家长要配合教师,消除幼儿对医院的恐惧感,并且会运用简单的预防知识。

(4) 教师发放材料,鼓励幼儿各自活动。

(5) 此活动最适合在中班实施。

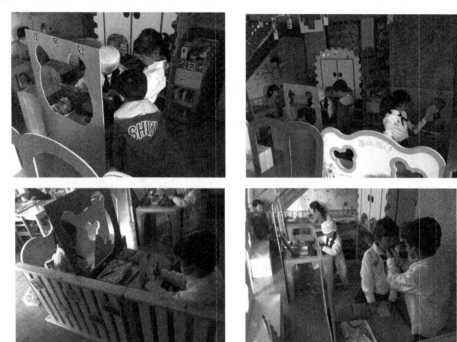

图 3-9 儿童医院

(本方案由温州实艺教育集团实艺新城幼儿园中班提供)

### 案例三:创造性游戏——结构游戏

**实操活动名称:** 我是建筑师(如图 3-10 所示)

**实操活动目的:**

(1) 培养幼儿的搭建能力,促进空间知觉的发展。

(2) 通过建构区活动引导幼儿学会分享玩具,了解各种玩具的使用方法,体验大家一起玩的乐趣。

**实操活动准备：**

幼儿收集的废旧材料：牛奶盒、奶粉桶、纸筒、易拉罐、废旧纸盒和塑料瓶等。教师提供各种塑料积木、中型、小型塑料花片以及一些辅助材料。

**实操活动过程：**

1. 认知练习

——介绍开放区域及新投放的材料、玩法、简单规则。

——老师示范搭建最美的城堡。

2. 比对练习

——你们认为最美的城堡都是什么样子的呢？

——老师在建构区投放了一些纸盒，是吗？还有什么？

3. 确认练习

——幼儿自由选区，佩戴区域牌入区活动。

——教师观察，随机介入指导(重点观察指导建构区)。

——幼儿尝试将准备好的牛奶盒、奶粉桶、纸筒、易拉罐、废旧纸盒、塑料瓶、各种塑料积木和中型、小型塑料花片以及一些辅助材料等搭建成各种造型的建筑物。请幼儿动脑筋想办法，搭建出最美丽的城堡。

——提醒幼儿仔细观察这些材料。

——鼓励幼儿合作探究。

——幼儿不急不躁地整理区角，将玩具和区域牌放回原处。

**实操活动注意事项：**

(1) 教师对幼儿进行观察、探究后做记录。

(2) 在整个活动过程中，幼儿学会保持整洁，不干扰别人，不大声喊叫，不在室内跑动、打闹。

图 3-10 我是建筑师

(本方案由温州实艺教育集团实艺新城幼儿园贝多芬三班提供)

## 案例四：创造性游戏——表演游戏

**实操活动名称：** 我的舞台我做主(如图 3-11 所示)

**实操活动目的：**

(1) 本次活动体现了自主、艺术、时尚、音乐等方面的内容，注重幼儿表现自我、发展自我、挑战自我，给孩子一个表演的平台空间，对于培养幼儿的创造性思维有着积极的作用，能让孩子更好地了解奥尔夫音乐。

(2) 利用各种奥尔夫乐器及自制乐器，给上台表演的孩子伴奏，在音乐的感染和熏陶下，有助于形成积极良好的情绪和活泼开朗的性格，可以满足幼儿表演和表现的欲望，增强他们的自信心和成就感。

**实操活动准备：**

服装、眼镜、帽子、奥尔夫乐器、录音机、音乐、小椅子。

**实操活动过程：**

1. 认知练习

——教师引导幼儿观察表演游戏区的布置，有小舞台、有话筒、有爵士鼓，还有许多服装、打击乐器等。

——首先，小朋友们要选好自己的角色，选好服装。

——我想当一个歌唱家，我选一件连衣裙，站在话筒前，在音乐的伴奏下开始唱歌。

——我想当一名爵士鼓鼓手，我选一件西服穿上，并且系上领带，拿着鼓槌，坐在爵士鼓前，开始演奏，可以有音乐伴奏，也可以没有。

2. 比对练习

——现在请小朋友说说当歌唱家要怎么打扮自己？唱的时候要怎么表现？可以做什么动作？

——爵士鼓鼓手是怎么打扮自己的？做什么动作？

——告诉大家你想表演什么节目？怎么表演？

3. 确认练习

——分组拿区域牌，幼儿自主选择所进入的区域。

——进入音乐区的幼儿插好区域牌，自己搬椅子。

——进行表演的孩子穿好服装、佩戴好饰品道具进行表演。准备时间为 2 分钟左右，教师播放音乐。

——台下的小朋友根据音乐的节奏敲打乐器，表演完一个节目，教师引导幼儿进行鼓掌。

——表演者可以与台下的演奏者轮流进行角色对换。

——孩子表演过程中，教师对孩子的表现进行记录。

——播放音乐，收拾乐器、服装，观察孩子是否把乐器放回原来的位子。

——教师对孩子的表现进行评价。

**实操活动注意事项：**

(1) 幼儿：在活动过程中，幼儿在表演完后要鼓掌表示鼓励，对自己所取的乐器和道具要记得放回原位，小朋友在演奏时，其他孩子不要发出声音。

(2) 教师：教师在活动过程中，应引导幼儿更好地配合表演者，对孩子不熟悉的乐器进行使用指导，对孩子的活动表现进行观察记录，提醒幼儿不能发出太大响声。

(3) 每一次认知练习，只能选其中的一两个表演内容来学习。

图 3-11　我的舞台我做主

(本方案由实艺教育集团实艺新城幼儿园奥尔夫一班提供)

# 本 章 小 结

本章主要讲述了幼儿园非正式教学活动的实操练习，包括幼儿园区域活动的实操练习和幼儿园创造性游戏的实操练习。区域活动和创造性游戏活动的实操练习活动，是紧跟幼儿园正规教学活动开展的内容，将五大领域的教学内容落实到区域和创造性游戏中，从而使幼儿的活动更具有知识基础和经验基础，也使幼儿在正规性教学实操活动中获取的知识经验得到巩固、运用。

在幼儿园区域活动和创造性游戏的实操练习中，教师要明确自己的隐性地位、辅助地位，及时观察幼儿的一言一行，及时提供操作材料，不能喧宾夺主，不能干扰孩子的活动，不能不经孩子同意就直接指导孩子，将自己的意愿强加于他们。教师要给孩子绝对的自由。

## 思考与练习

### 一、名词解释

1. 区域活动
2. 表演游戏

### 二、简答题

1. 简述学前儿童区域教育活动的特点。
2. 简述学前儿童游戏教育活动的意义。

### 三、实践题

1. 请创设一项大班科学区域实操活动。
2. 请到幼儿园观察一个创造性游戏活动，并填写评价表。

附：

### 幼儿园非正规性实操练习报告

实操练习名称：

| 实操活动类型 | | 实操活动地点 | | 实操活动时间 | |
|---|---|---|---|---|---|
| 班级 | 学号 | 姓名 | 自评成绩(30%) | 教师评分(70%) | 总成绩 |
| *成员的栏目不够可扩充 | | | | | |
| | | | | | |
| | | | | | |

实操活动目的：

*此处写本次实操练习活动的目的。

续表

实操活动准备:
*此处写本次实操练习活动所用到的场地面积,教具、学具及其他用具的数量等。明确指出需要哪些人的配合,成员如何分工。

实操过程记录:
*此处写本次实操练习活动的主要操作步骤及结果。结果包括完整的活动设计方案。

实操活动反思:
*你觉得本次实操练习活动的关键环节是什么?
*写出对本次活动的建议和意见。

教师评语:
*对活动过程、学生小组成员分工等进行定性描述,指出其优点和不足。

教师签名:　　　　　　　　时间:

# 第四章 幼儿园日常生活中其他教学活动实操练习

除幼儿园正规性教学活动及非正规性教学活动外，我们还会在日常生活中遇到其他一些事情和问题。例如，家长和孩子的关系，我们所生活的社区对孩子的影响等。这些问题看似和幼儿园没有直接关系，但现代教育工作者应该有大教育的理念，只有幼儿园、家庭、社会实施正确一致的教育影响，才能培养出健康、快乐、有知识、有良好品质的下一代。而且，作为幼儿园教师，有责任将家庭教育、社区教育引入幼儿园，教育幼儿，影响家长，影响社区。

本章主要介绍学前儿童亲子教育活动和学前儿童社区教育活动的实践操作练习，通过练习，学前教育专业的学生以及幼儿园教师可以了解其活动的一般要求和方式方法，实践活动步骤的设计、实施及对活动实施效果的评价反思。

## 第一节 学前儿童亲子教育活动的设计和实操练习

亲子活动是根据教育对象的成长特点和需要，在专业人员的指导下由儿童和他们的父母或看护者共同参与的一项具有指导性、互动性的活动。幼儿园班级亲子活动是由幼儿园创造一定的条件，以班级为单位，以亲缘关系为基础，以教师为主导，教师与家长共同组织的一种幼儿活动。

《纲要》第三部分教育活动的组织与实施中指出："家长是幼儿园教师的重要合作伙伴。"教师应本着尊重、平等的原则，吸引家长主动参与幼儿园的教育工作。幼儿园教师要做到以下几方面。

(1) 向家长介绍幼儿园的保育教育工作，争取家长的理解、支持和参与。

(2) 了解幼儿的特点和家庭的需要，有针对性地开展教育工作。

(3) 家庭与幼儿园配合，使幼儿在幼儿园获得的学习经验能够在家庭中得到延续、巩固和发展；同时，使幼儿在家庭中获得的经验能够在幼儿园的学习活动中得到应用。

## 一、学前儿童亲子教育活动的意义、特点和类型

### (一)学前儿童亲子教育活动的意义

#### 1. 帮助家长树立主人翁意识,激发家长积极合作的态度

在幼儿教育中,教师与家长都是儿童教育的主体,共同的目标是促进儿童的发展,相互间是合作伙伴的关系。可现在有很多家长因平时工作太忙,没有多少时间去考虑孩子,认为孩子放在幼儿园让老师教育就可以了,对孩子在幼儿园的方方面面都很少过问。以前就有家长这样对幼儿园教师说:"老师,你说了算。""老师,你看可以就行吧。"完全没有认识到自己的责任和义务,缺乏参与幼儿教育的意识,家长应看到,儿童既是自己的子女,也是国家的未来,自己有责任与教师合作共同培养孩子。开展亲子活动可以让忙碌的家长树立主人翁意识,与教师共同承担教育孩子的责任。

#### 2. 让家长走进幼儿园,使他们了解幼儿园的教育理念

亲子活动可以帮助家长了解孩子的情况,走进幼儿园,缩短教师与家长之间的距离。例如,小班的某位家长参加了一次家长开放日,才知道幼儿的教学活动是在游戏中进行的,与小学生上课完全是两个概念。家长通过活动可以了解幼儿园的办园理念、教育宗旨、教育目的,了解教师的授课方法和步骤。

在活动中教师要有针对性地指导。家长通过观察教师的教育行为和孩子的表现,可以反思自己家庭教育的内容和方法,从而获得正确的育儿观念和育儿方法,并将观念和方法融入与孩子相处的每一刻,逐步了解培养、教育孩子的重要性,从而最终实现孩子的健康发展。

#### 3. 促进亲子关系的健康发展

家庭中的亲子关系直接影响孩子的心理发展、态度行为、价值观念及未来成就。有些家长的工作压力较大,被自身的一些问题困扰,情绪不稳定,对孩子的态度较急躁,导致亲子关系比较紧张。还有些家庭,几个大人围着一个小孩转,对孩子过分地溺爱。在孩子的成长过程中,开展丰富多彩的亲子活动不仅有益于亲子之间的情感交流,促使亲子关系健康发展,同时对幼儿本身的发展也具有重要的促进作用。

#### 4. 为幼儿与家长、教师与家长、家长与家长之间搭起一座沟通的桥梁

开展亲子活动,既满足了幼儿依恋父母的情感需要,又能使家长了解孩子在集体生活

中的一些情况，同时进一步拉近了教师与家长的关系，是实行家庭和幼儿园同步教育的很好的活动方式。幼儿园可以充分利用家长资源，丰富教育内容，最大限度地与家长形成教育合力，促进幼儿全面发展，同时家长与教师也可以得到发展。

### (二)学前儿童亲子教育活动的特点

(1) 能够启发孩子的智慧。这就要求游戏活动既能够利用和发挥孩子现有的能力，又能够发展他们新的能力。

(2) 家长要能和孩子平等地参与到游戏中。做亲子游戏不是上课，家长不能高高在上、指手画脚，而应当是游戏的参与者，并且与孩子处于平等的地位。

游戏的形式应该注重相互配合，家长能自然而然地引领孩子智能的发展。设计的游戏应能让儿童主动寻求家长的配合，这样家长就能顺理成章地教给儿童一些知识和技巧。

(3) 游戏的整个过程要能够给孩子和家长双方都带来乐趣。要让孩子在游戏中体会到创造和成功的快乐，而家长则能够体会到亲子交流的幸福。家长可以学会更多的游戏，并将具有特定功能的亲子游戏同日常的育儿生活交融在一起，这样就可以在丰富而快乐的育儿生活中，将儿童的潜能不断地开发出来。

### (三)学前儿童亲子教育活动的类型

亲子教育没有明确的分类，主要有亲子沟通、亲子活动、亲子阅读、亲子游戏等方式。

#### 1. 亲子沟通

进行亲子沟通就是接纳孩子，真正地去"听"孩子说话，分享自己的感受，加强身体语言等。掌握正确的亲子沟通方法，不仅能够建立父母与孩子的良好关系，还能指引孩子的人格朝健康完整的方向发展。

#### 2. 亲子活动

亲子活动一般分为私人组织发起的小型活动和早教机构举办的专业活动。由早教机构举办的亲子活动，会根据孩子的年龄、特点设置活动内容，更加科学专业。大部分早教机构每月都会开展小型活动，如宝宝爬行比赛、亲子阅读会、生日会、亲子运动嘉年华、圣诞派对等；权威的早教机构还会举办大型的早教亲子活动，如金宝贝每年举办的国际音乐节、宝宝运动会、水晶鞋舞会等。

#### 3. 亲子阅读

亲子阅读从孩子出生就可以开始进行，循序渐进地给孩子挑选适合的图书进行亲子阅读，培养孩子的阅读习惯以及语言表达能力。

#### 4. 亲子游戏

在家中就可以开展亲子游戏，这样不仅能培养父母和孩子之间的亲密关系，也能锻炼孩子的体能、促进孩子感官的发育。

## 二、学前儿童亲子教育活动中幼儿教师的学习目标及实践操作目标

(1) 针对学习对象选择合适的学前儿童亲子教育内容、方法和途径。

(2) 学会确定学前儿童亲子教育的实践操作目标。

(3) 学会选择适合学前儿童亲子教育内容的动漫教学元素及其他的操作教玩具。

## 三、学前儿童亲子教育活动的实践操作任务

(1) 针对不同的幼儿和家长的特点，有步骤地完成相应的任务。

(2) 针对幼儿的学习能力完成指导的任务，主动积极地带领幼儿及家长共同学习，分享快乐。

(3) 确定亲子教育实践操作环境、合适的教室面积、教室布置数量等。

## 四、学前儿童亲子教育活动的实践操作指导要求

(1) 组织家长到幼儿园观摩小班教学活动，使其了解3～4岁幼儿的教养情况。

(2) 为每一位幼儿建立成长档案，并指导家长时刻记录幼儿成长的点点滴滴，实施亲子教育。

(3) 定期开展不同类型的家长专题讲座，让家长接受有关亲子教育的理论辅导。

(4) 利用节日，如"三八"妇女节、"植树节"等，开展亲子活动。鼓励家长主动参与亲子教育。帮助孩子学习并掌握基本生活技能技巧，建立初步的与人交往的能力。

(5) 开展"走出去请进来"活动，请家长做一次教师，提高家长参与幼儿教育活动的积极性，加大家长对幼儿教育的参与度，形成有效的家园同步教育模式。

(6) 教师要积极参加社区早教宣传，策划社会公益活动。

## 五、学前儿童亲子教育活动的实践操作内容举例分析

学前儿童亲子教育活动的实践操作内容举例分析如表 4-1 所示。

表 4-1　学前儿童亲子教育活动的实践操作内容举例

| | 实践操作种类 | 实践操作活动名称 |
| --- | --- | --- |
| 幼儿园日常生活中其他教学活动实操练习 | 亲子游戏 | 五指睡觉 |
| | 亲子活动 | 欢欢乐乐过冬至 |
| | 亲子沟通 | 感恩的心 |

### 案例一：亲子游戏

**实操活动名称：** 五指睡觉

**实操活动目的：**

(1) 发展幼儿的语言表达能力。学习简单的游戏语言。

(2) 锻炼幼儿的小肌肉、小骨骼。

(3) 让幼儿感受和爸爸妈妈在一起活动的快乐，培养良好的亲子感情。让家长也得到一些育儿经验。

**实操活动准备：**

给孩子和妈妈们一个干净舒适的亲子语言训练环境。

**实操活动过程：**

1. 认知活动

——请幼儿和妈妈随意地面对面坐好。

——教师：欢迎小朋友，欢迎妈妈。

——今天老师要和小朋友以及妈妈们一起做一个游戏。

——请小朋友和妈妈把两只手放在胸前，五指张开，手心相对。教师问："谁的手最干净？"小朋友和妈妈一起说："我的。"

2. 比对练习

——教师边唱儿歌边带小朋友、妈妈做动作。

——"小不点儿睡了，二胖子睡了，高个子睡了，你睡了，我睡了，大家都睡了。"边唱边把五个手指从小拇指开始依次弯向手心，当唱到"大家都睡了"的时候，两拳相对，放在脸的一侧，幼儿闭上双眼做睡觉状。

——老师发出口令:"丁零零,天亮了,起床了。"引导小朋友和老师一起唱儿歌:"小不点儿醒了,二胖子醒了,高个子醒了,你醒了,我醒了,大家都醒了。"边唱儿歌,边把五个手指从小拇指开始依次伸开,当唱到"大家都醒了"的时候,两手相对,有节奏地拍手。

3. 确认练习

——小朋友和妈妈都做对了,也学着唱了,做得真好。

——下面老师要看小朋友和妈妈做一下。

——小朋友和妈妈把两只手放在胸前,五指张开,手心相对。妈妈问:"谁的手最干净?"小朋友说:"我的。"

——"小不点儿睡了,二胖子睡了,高个子睡了,你睡了,我睡了,大家都睡了。"妈妈和小朋友边唱边把五个手指从小拇指开始依次弯向手心,当唱到"大家都睡了"的时候,两拳相对,放在脸的一侧,幼儿闭上双眼做睡觉状。

——妈妈发出口令:"丁零零,天亮了,起床了。"引导小朋友一起唱儿歌:"小不点儿醒了,二胖子醒了,高个子醒了,你醒了,我醒了,大家都醒了。"边唱儿歌,边把五个手指从小拇指开始依次伸开,当唱到"大家都醒了"的时候,两手相对,有节奏地拍手。

——今天我们小朋友和妈妈一起玩游戏开心吗?

**实操活动注意事项:**

(1) 在进行亲子语言训练时,要注意在教孩子的同时要教会妈妈。一定要照顾好妈妈的情绪,因为她会直接影响到孩子的心情和兴趣。

(2) 教师要有很好的教学组织能力,使操作活动简单、有序又有趣。

(3) 单纯语言训练活动较为枯燥,所以必须要配以动作、音乐或操作玩具,如手指木偶就非常适合亲子语言训练使用,不仅使用简单,而且非常有趣,可以表现动态,深受幼儿喜欢。

(4) 在确认练习阶段,可以结合绘本上的绘图来练习。

<h3 style="text-align:center">案例二:亲子活动</h3>

**实操活动名称:** 欢欢乐乐过冬至

**实操活动目的:**

(1) 这个星期日就是冬至,请爸爸妈妈来幼儿园陪孩子们一起过一个难忘的冬至,让孩子体验和家长团圆的快乐。

(2) 让孩子们了解冬至的习俗——吃汤圆。吃汤圆是我们中国人过冬至的传统习俗,

"圆"意味着"团圆""圆满"。

**实操活动准备：**

(1) 准备好搓汤圆的材料。

(2) 请个别家长带电磁炉来园。

(3) 家长朋友陪同孩子一起玩亲子游戏。

(4) 布置好活动的场地、制作活动广告牌。

**实操活动过程：**

1. 认知活动

——亲子律动操：小朋友们、家长朋友们、老师们一起做手语操——"让爱住我家"。

——教师讲解：这个星期天就是冬至了，幼儿园特地请爸爸妈妈来幼儿园陪孩子们一起过这个节日。

——过冬至，我们有一个习惯，在这一天我们要吃汤圆。

——幼儿园准备好了搓汤圆的材料，爸爸妈妈带来了电磁炉。

——一会儿我们要先去洗洗手，然后和爸爸妈妈一起搓汤圆、煮汤圆、吃汤圆。

2. 比对练习

——小朋友对爸爸妈妈说一声"冬至快乐！"

——告诉大家，今天幼儿园准备了什么？

——爸爸妈妈带来了什么？干什么用的？

3. 确认练习

——围坐在桌子旁边，和爸爸妈妈一起开开心心搓汤圆。

——开心煮汤圆；孩子将搓好的汤圆端到厨房，让爸爸妈妈将汤圆煮熟，我们的厨房穿梭着大人、孩子、老师的身影，十分热闹。

——温暖喂汤圆；我们的老师将煮好的汤圆一碗碗地盛好，让孩子小心翼翼地端到妈妈面前，亲手喂妈妈吃汤圆，场面十分温暖，体现了亲子活动的快乐和温馨。

**实操活动注意事项：**

(1) 要求所有来参加活动的家长、孩子、老师等要注意保持食品卫生和环境的整洁。

(2) 因为这是一个大型的活动，所以要做好活动方案的策划，落实责任到人，如场地布置、整理、播放音乐、准备材料，安排活动主持人等。

(3) 要有序而活泼，让亲子活动达到应有的目的。

(本方案由实艺教育集团实艺幼儿园提供)

## 案例三：亲子沟通

**实操活动名称：** 感恩的心

**实操活动目的：**

(1) 让幼儿懂得感恩。感恩是人的一种美德。感恩让这个世界变得更加和谐，让生活变得更加美好，让人与人之间变得更加融洽。

(2) 教幼儿学会如何去感恩。近年来，很多孩子都是独生子女，家人的溺爱被视为理所当然，面对别人的帮助连声谢谢都不说。幼儿园对幼儿开展感恩活动，让孩子学会去感恩父母，感恩帮助和关心自己的每一个人。

(3) 通过这个活动，让孩子和家长都感受到感恩活动带给他们的感动和快乐。

**实操活动准备：**

(1) 收集有关母亲节的背景知识、相关故事、歌曲等。

(2) 购买奶茶、面霜和唇膏，也可以由家长准备。

(3) 环境布置：在幼儿园操场布置温馨的气球，横幅为"感恩心飞扬"。

(4) 《感恩的心》手语版示范、《亲亲恰恰》背景音乐。

**实操活动过程：**

1. 认知练习

——主持人宣布活动开幕。

各位家长朋友，小朋友们：

下午好！非常感谢家长朋友们能在百忙之中抽空陪我们的孩子度过一个难忘的母亲节，在今天这个阳光灿烂的下午，我们欢聚在一起共享一段美好的时光。今天是母亲节，请孩子们把对家长的感恩，用一句简短的话表达出来。妈妈是否收到孩子的真心祝福？你们幸福吗？请你告诉我们的孩子们。让我们怀着一颗感恩的心，再次感受孩子们的祝福吧。让我们"感恩的心"在实艺大家庭里飞扬吧！

——"爱的展示"。

——集体欢庆母亲节：亲亲恰恰。

在这里，我们给您和孩子一次亲密接触的机会，增进您和孩子的亲子之情，接下来孩子用温暖的小手拉起大手一起来跳集体舞《亲亲恰恰》。

——手语《感恩的心》。

——昨天，我们老师和孩子们为家长朋友悉心准备了手语《感恩的心》，请妈妈和孩子一起感受"感恩的心"。

2. 比对练习

——"爱的模仿"。

——现在请孩子站在原地，妈妈排好队到后面拿一把椅子，坐到孩子的旁边。

——请小朋友们拿出面霜给妈妈擦上，让小手滋润妈妈的脸庞。

——请小朋友们拿出润唇膏给妈妈涂上，让妈妈的双唇光彩夺目、轻盈水润。

——小手护大手：给妈妈擦擦护手霜。

3. 确认练习

——"爱的传递"。

喝奶茶，椰果代表我的心，泡在奶茶里就变成了甜心，喝吧！能温暖您的心房。孩子们！你可以给妈妈揉揉肩，给辛苦工作的妈妈按摩按摩。心中有爱就要说出来：用语言方式表达对彼此的爱。也可以和妈妈说说心里话。

——今天，希望我们的孩子还要感谢我们的老师，祝老师能每天拥有阳光般的笑容，您是创造奇迹的劳动者，是您哺育了我们，我们深深地感谢您！请我们的老师也端起一杯爱的奶茶，感受您手心里的温暖。我们的老师也想对孩子们说：宝贝谢谢你！有了你们，我们的每一天都很精彩。

——感恩是一种生活智慧，感恩更是学会做人、成就阳光人生的支点。一个有爱心的人，都应该是一个懂得感恩的人，人生也正因为有了爱心、孝心和感恩之心而精彩起来、生动起来。感恩的心，感谢有你，实艺幼儿园——让"感恩的心"飞扬！母亲节活动到此结束！

**实操活动注意事项：**

(1) 要求所有来参加活动的家长、孩子、老师等要注意表现自己爱的语言、爱的表情、爱的动作，以"爱"来感染所有的人。

(2) 因为这是一个大型的活动，要做好活动方案的策划，落实责任到人，如场地布置、整理，播放音乐，准备材料，安排活动主持人等。

(3) 要有序而活泼，让亲子沟通达到应有的目的。

(本方案由实艺教育集团实艺幼儿园提供)

## 第二节　学前儿童社区教育活动的设计和实操练习

《纲要》提出："幼儿园应与家庭、社区密切合作，与小学相互衔接，综合利用各种教育资源，共同为幼儿的发展创造良好的条件。要充分利用自然环境和社区的教育资源，扩展幼儿生活和学习空间，幼儿园同时应为社区的早期教育提供服务。"这充分说明了幼儿教育与社区教育息息相关，社区在幼儿教育中扮演着越来越重要的角色，依托社区、服务社区将是幼儿教育发展的必然趋势。

《纲要》第三部分教育活动的组织与实施中指出，环境是重要的教育资源，应通过创设并有效地利用环境促进幼儿的发展；充分利用社区的教育资源，引导幼儿适当参与社会生活，丰富生活经验，发展社会性。

社区公众及社区幼教机构将逐渐增强对所在社区的归属感、认同感，成为社区生活和活动的主体，在社区建设和社区教育中将发挥越来越重要的作用。社区公众的参与也有利于促进社区教育管理的民主化建设和社区居民自主自治，逐步形成小政府、大社会的管理格局。

例如，中秋节组织幼儿进社区和爷爷奶奶们一起听"嫦娥奔月"的故事、品尝月饼，元宵节开展猜灯谜活动，3月5日雷锋日组织集体献爱心活动，师生一起为社区内的贫困学生捐资捐物。幼儿从中受到了关爱他人的教育。孩子们在自己的节日"六一"儿童节到来时，可以一起参加社区游艺活动，沉浸在欢乐的海洋里。

通过学前儿童社区教育活动的实践操作练习，学前教育专业的学生以及幼儿园教师能了解学前儿童社区教育教学的一般原理和方式方法，掌握学前儿童社区教育实践活动步骤的设计及实施，以及对实践活动实施效果的评价反思。

# 一、学前儿童社区教育活动的意义、特点和类型

## (一)学前儿童社区教育活动的意义

### 1. 能够促进幼儿素质的提高

有英国幼儿园保育教师认为，环境是幼儿的第三位"老师"，这个环境包括"小环境"和社会的"大环境"。事实证明，充分利用丰富的社区资源，能让幼儿了解社会，学会与他人交流合作，获得情感的体验。通过参加社区实践活动，幼儿能懂得社区是由不同的家庭、街道、建筑物组成的。

学前儿童社区教育活动扩大了幼儿的知识面，提高了思维能力和语言表达能力，可以培养幼儿活泼开朗的性格，使幼儿产生关爱周围人的良好情感，以及爱护公物和公共环境的意识。

### 2. 能够促进教师素质的提高

社区教育有益于使学前教育从封闭走向开放，注重家庭教育、机构教育与社区中多种教育因素的有机联系，发挥整体性教育影响，提高教育质量。幼儿园与社区资源共享活动

的开展，能激发教师的工作热情和积极性，使其积极挖掘整理社区教育资源，扩大和丰富幼儿园的教育内容，展现新的教育活动模式；使其不仅感受到社区内教育资源有很高的价值，还逐渐确立了幼儿园、家庭、社区三位一体的大教育观，树立了科学的学前教育理念。

### 3. 能够促进社区居民教育观念的转变

幼儿园与社区资源共享顺应了当前幼教改革的需要，具有一定的现实意义和实用价值，有益于发挥教育对社会和社区发展的作用，更好地实现教育服务社会的职能。各幼儿园都处在社区之中，社区既是幼儿园赖以生存和发展的"基地"，也是幼儿社会化的课程。幼儿园主动为社区服务，同时不断地取得社区的支持与配合，就能带来良好的社会效应，能不断更新老百姓的教育理念，全民素质也会得到不断提高。

## (二)学前儿童社区教育活动的特点

### 1. 学前儿童社区教育需要吸引整个社区参与

要激发儿童家庭和社区公众参与教育的积极性，帮助他们在参与过程中学习科学教育知识，使之能在社区教育中直接获益。

### 2. 儿童、家长和社区公众都是社区教育的实施者和管理者

幼儿园作为开展幼儿社区教育活动的重要力量，要与教育者、保健工作者、各种社会中介组织和基层行政共同合作，保证社区教育的实施。应当看到，随着经济体制的转型，社区地位逐步得到增强，社区公众和居民逐步由单位人转向社会人、社区人。

### 3. 教育服务设施转向为社区所有和共享

从理念的转变到实际操作，教育工作者、教职工及幼教机构等相关教育服务主体将会逐步由单位所属和所有转向为社区所有和共享。社区教育应是大教育的起点。

## (三)学前儿童社区教育活动的类型

目前学前儿童社区教育活动还没有明确的归类，许多情况下都是幼儿教师在教学中遇到与社区有关的内容，于是便考虑联系社区，寻求帮助。这个方面还有待改进。

按照幼儿园教学中较为通俗的分类方式，可以将学前儿童社区教育活动内容分为社区中不同职业的人的了解活动，如环卫工人等；对社区中的街道、建筑的认知活动，如标志性建筑"物华天宝"等；对社区中的公共服务机构的参观、探访活动，如参观"敬老院"等。

## 二、学前儿童社区教育活动中幼儿教师的学习目标及实践操作目标

(1) 针对学习对象选择合适的学前儿童社区教育内容、方法和途径。
(2) 学会确定学前儿童社区教育实践操作目标。
(3) 学会选择适合学前儿童社区教育内容的动漫教学元素及其他的操作教玩具。

## 三、学前儿童社区教育活动的实践操作任务

(1) 教师带领幼儿参与社区活动，让幼儿在活动中了解、认识自己所在的社区，理解社区带给自己的便利和不良影响。
(2) 教师引导幼儿学习的步骤，完成指导的任务。
(3) 确定整个学前教育社区实践操作环境范围，针对学习对象选择合适的活动步骤安排，确定所用的物品、场地、实践操作所使用的动漫教玩具及其他类型的教玩具等。
(4) 教师在研究社区资源时，要运用计算机、数码相机等现代化科技手段，建立信息库，记载资源的数量、种类、功能等情况。

## 四、学前儿童社区教育活动的实践操作指导要求

### (一)利用幼儿园自身教育资源的优势，为社区幼儿提供服务

作为辖区的一个学前教育单位，让社区幼儿共享学前教育资源已成为幼儿园教师的自觉行动。幼儿园要与周围的社区融为一体，与社区互动交流、相互受益。例如，利用幼儿园场地为社区幼儿举办亲子趣味运动会；重阳节带孩子去慰问社区中的老爷爷、老奶奶等。

### (二)让幼儿园成为小区的幼教活动中心

由于现在许多幼儿园都处于社区的环境中，因此幼儿园与社区是紧密联系的。社区中的一些宣传窗口可以给幼儿园利用，幼儿园也可以定期向社区居民宣传幼儿园的工作目标、幼儿园的近期活动、幼教新信息及美术作品等。例如，幼儿园可以针对社区0~3岁学龄前家长，提供育儿环境，定期介绍家庭教育的目标，不断扩展幼儿园的空间，宣传幼儿园自身，同时使自身成为社区内幼教、家教宣传的一个窗口。

## 五、学前儿童社区教育活动的实践操作内容举例分析

学前儿童社区教育活动的实践操作内容举例如表 4-2 所示。

表 4-2 学前儿童社区教育活动的实践操作内容举例

| | 实践操作种类 | 实操活动名称 |
|---|---|---|
| 幼儿园日常生活中其他教学活动——学前儿童社区教育活动 | 社区教育活动——"社区的人" | 去隔壁小朋友家做客 |
| | 社区教育活动——"社区的事" | "六一"义卖 |
| | 社区教育活动——"社区环境" | 感恩地球——环保时装秀 |

### 案例一：社区教育活动——"社区的人"

**实操活动名称：** 去隔壁小朋友家做客

**实操活动目的：**

(1) 引导幼儿在做客的过程中学习正确的行为习惯，学会感谢，学会将垃圾放入垃圾桶。

(2) 让幼儿感受洁美家庭的良好氛围，培养幼儿养成讲卫生的良好习惯。

**实操活动准备：**

(1) 选择一个家庭，最好是幼儿园老师的家。

(2) 准备一些有外包装的食物。

(3) 准备好擦手的毛巾，多准备几个垃圾桶。

**实操活动过程：**

1. 认知练习

——阿姨朋友请小朋友到家里做客。

——到阿姨朋友家了。该怎么做？先敲门，告诉阿姨朋友，小一班的小朋友来了，请开门，阿姨朋友开门后，要说谢谢。

——阿姨朋友为小朋友送上了许多好吃的东西，边吃边聊，好高兴啊！可要记得吃完后，垃圾要丢到垃圾桶里。

2. 比对练习

——幼儿品尝着食物，尝试收拾垃圾。

——鼓励幼儿大胆地讲讲自己的食品是什么包装。

——也可以为阿姨表演一些在幼儿园里学习的歌曲和舞蹈。

3. 确认练习

——再次尝试收拾垃圾。

——收拾一下自己的仪表，擦擦嘴，擦擦手。

——告诉小朋友要准备回家了，到门口时要说"阿姨再见！小朋友再见！"

**实操活动注意事项：**

人际交往在我们这个时代越来越受到重视，特别是去朋友家做客，经常会害怕儿童捣乱，如果幼儿能学习并掌握这方面的知识和技能，就能在实际生活中进行操作和运用。因此，幼儿园应从小班幼儿抓起，让他们逐步学会并掌握去朋友家做客的礼貌行为。但由于小班幼儿年龄小，认识能力有限，因此可以让他们从最基本的使用礼貌用语、收拾垃圾做起，而后逐步提高，养成去朋友家做客的良好行为习惯。

## 案例二：社区教育活动——"社区的事"

**实操活动名称：**"六一"义卖

**实操活动目的：**

(1) 爱心义卖是社会爱心的一种体现，通过此活动从小培养学前儿童社会文明的行为。

(2) 爱心义卖活动能让孩子们体会到孤苦无依的人获得帮助时产生的感激之情。

(3) 用孩子捐出的七八成新的玩具、服装和家长自带的各种小零食进行义卖，将场地布置成贴近生活的义卖小铺，以提高孩子对社会的关爱能力。

**实操活动准备：**

(1) 发动家长给孩子准备2~3件要捐赠的物品。

(2) 选择1~2名接受捐赠的孩子。给每个接受捐赠的孩子捐2~3件物品(八成新)。

(3) 在活动中收集义卖物品并贴好价格标签。

(4) 家长朋友陪同孩子一起玩亲子游戏。

(5) 布置好义卖活动的场地、制作好义卖广告牌。

**实操活动过程：**

1. 认知练习

——在社区(幼儿园门口)摆一排桌子。

——告诉小朋友，明天要在这里举行爱心义卖活动。爱心义卖是指以慈善为目的的义卖，是有爱心的人捐出家里不再需要的物品进行出售，所获收益捐赠给社会公益事业的活动。

——小朋友可以将自己不再需要的玩具、衣物带过来，贴好价格标签，就可以开始义卖了。

——亲子义卖签到会：陆陆续续来园的爸爸妈妈在老师制作的"爱心"指南展翅上签上自己的名字，协助孩子签上孩子的名字，入场时给每一位家长、孩子贴上有代表性的"义卖天使"爱心贴纸。

——活动主持人发言。

——主动献出一份爱。在发言台左侧放置一个爱心箱，家长主动献出自己的一份爱心，并签上家长的名字。

——自主选择。每一小铺设一个爱心箱。义卖的资金直接投到爱心箱中。

2. 比对练习

——小朋友请告诉老师，今天我们在社区(幼儿园门口)做了一件什么事情？

——你今天带了什么东西来参加义卖？

——卖了多少钱？这些钱怎么用？(投到爱心箱中)

3. 确认练习

——亲子游戏展示，让家长、幼儿和受捐助的孩子一起体验亲子活动带来的快乐。

——园方代表、家委会代表将本次活动的捐款金额交到受捐助人手中。给受捐赠孩子送上2~3件物品(八成新)。

**实操活动注意事项：**

(1) 因为是大型活动，所有到场的人都要注意保持场地的整洁、干净，要时刻提醒自己不能乱扔垃圾。

(2) 活动要有周密的方案，责任落实到人。例如，确定方案总体策划、义卖签到负责人、主持人、班级小铺负责人；放音乐；场地布置；安排家委会成员为义卖活动点钞；登记捐款额；确定社区联系人；联系受捐赠人等。

(3) 社区教育一定要使幼儿园、家庭、社区同时到位，紧密合作，才能获得成功。

(本方案由实艺教育集团实艺幼儿园提供)

### 案例三：社区教育活动——"社区环境"

**实操活动名称：** 感恩地球——环保时装秀

**实操活动目的：**

(1) 活动体现环保、创新、艺术等多方面内容，注重提高家长与孩子的参与意识，感受参与的快乐。

(2) 提高孩子们的环保意识，增强孩子们争当环保小卫士的决心。

(3) 利用废旧物品等材料，进行精心设计、制作，制作款式各异的表演服装。该活动既提高了孩子的动手能力，又培养了孩子与家长的亲子之情及参与表演的能力。

**实操活动准备：**

(1) 本次活动材料由家长朋友精心准备，有废旧的报纸、纸盒、易拉罐、各类袋子、各种纸等材料。

(2) 活动中幼儿园为家长朋友提供了双面胶、剪刀、固体胶、透明胶等材料。

**实操活动过程：**

1. 认知练习

——请家长和孩子签名。在"我来参与保护地球"横幅上签上家长和孩子的名字，我们的家长朋友们都参与其中。

——活动开始。将家长和幼儿集中到操场中央，由主持人发言。

——各位领导、家长朋友、小朋友们：

下午好！本次的环保时装秀活动，是为了提倡环保的理念，为了让我们生存的世界，天更蓝、水更清、树更绿，让我们一起陪同孩子们保护大自然、保护生活环境。我们实艺幼儿园为大家带来了以"感恩地球"为主题的环保时装秀活动，"珍惜可利用资源，我型我秀绿色环保"，让家长朋友和孩子们自主设计、大胆构思，让废旧物品在一双双巧手中变成绚丽的服装。本次活动体现了环保、创新、艺术和个性，注重家长与孩子参加的过程，从而提高孩子们的环保意识，让每一个人都会"珍惜可利用资源"。保护环境，创建和谐社会，从"我"做起，从孩子做起，再小的力量也是一种支持。

整场服装秀将全面利用废旧物品等材料，进行精心设计、制作，活动中既可以提高孩子的动手能力，又可以培养孩子与家长之间的亲子之情及参与表演的能力。我们的活动原则是为了让孩子们人人参与，家长朋友们积极参与，亲子共同制作环保时装秀所用服装。接下来我们一起来欣赏"感恩地球——环保时装秀"活动！

2. 比对练习

——参观主题为"保护地球，保护环境"的亲子绘画展示。我们的孩子用绘画的形式表达自己的心声。

——现在请我们的家长朋友与孩子们欣赏我们的绘画。

——亲子装饰环保服装。

——家长协助，幼儿制作。一组共有8人，幼儿4人、家长4人，椅子一人一把。

——幼儿园为小朋友和家长准备了辅助材料。每组的小托盘里有剪刀8把、双面胶4个、固体胶4个、透明胶4个、各类纸、各种易拉罐、各类袋子、报纸、各类纸盒等。

3. 确认练习

——要求小朋友和家长们在30分钟内完成装饰，10分钟进行整理、穿戴。

——服装展示准备。未轮到的班级在舞台左边等待。

——服装展示。表演者从舞台左边进，右边退，出来先摆POSE，到舞台前面时再摆POSE，往回走到最后摆POSE，然后从右边舞台退去。

——亲子装向舞台走来时，主持人向大家介绍服装的亮点；一个一个进行，直到所有人都表现完毕。

——老师服装展示。选择6位老师，穿上用废旧材料制作的服装走上舞台，使活动达到高潮，尽显老师们的巧手，并融入了环保的理念，为幼儿做了好榜样。

——主持人宣布活动到此结束："感谢大家！特别感谢家长们的光临和支持，谢谢！"

**实操活动注意事项：**

活动过程中需要家长与幼儿配合之处有以下几点。

(1) 孩子和家长走秀时，要抬头挺胸，而且要有动作。走秀动作的要求：营造温馨、和睦、感人的氛围。

(2) 环保服装在幼儿园进行制作，由孩子制作，家长朋友协助。(在30分钟内装饰好，在10分钟内穿戴好。)

(3) 走秀过程中，家长和孩子要有序排队。

(4) 走秀时，在台上要用微笑面对观众。在家中，家长朋友可以让孩子对着镜子练习微笑。

(5) 走秀结束后，将环保的服装整理整齐，摆放好。

(6) 在整个环节中，要保持场地整洁、干净。(这是一场环保时装秀，如果地面凌乱，会影响整场秀的效果。养成看见垃圾随手扔进垃圾桶的好习惯。)

(7) 为台上的每一位孩子献上您的掌声，孩子们的自信是靠掌声推动的。(什么样的掌声是热烈的？请您为自己的孩子在这里鼓一次掌。瞧！集体的力量多大啊！您为其他的孩子鼓掌，相信其他家长回报您孩子的也是掌声。)

(8) 欣赏时装秀时，请家长做好榜样，安静观看哦！

(9) 这次活动不希望家长朋友请假，给孩子一次展示自己的机会吧。到了小学，孩子长大了，独立了，陪伴孩子亲子活动的时间就少了，希望利用好这次机会。(钱花了可以再赚，孩子幸福的童年却不能用钱来交换。)这是我为孩子们说出的心声。你们懂得，对吗？

**其他注意事项：**

(1) 因为是大型活动，所有到场的人都要注意保持场地的整洁、干净，时刻提醒自己不能乱扔垃圾。

(2) 活动要有周密的方案，责任落实到人。例如，确定方案总体策划、主持人，放音乐，场地布置，准备材料，确定参加对象(大班年级段)。

(3) 社区教育一定要使幼儿园、家庭、社区环境同时到位，紧密合作，才能获得成功。

(4) 本次活动设立了评价标准(优)，请评委们对整个活动的开展进行评分。

(5) 附评价标准：在以下五个方面中各列举了2～3项内容，做得好的打"√"，一般的打"○"，较差的打"×"。

家长与幼儿共同参与：

① 亲子参与性强。                                （    ）

② 走秀动作美观。                                （    ）

服装材料以及环保废物利用：

① 废物利用。                                    （    ）

② 符合亲子特点。                                （    ）

③ 体现"环保"主题。                              （    ）

师生同乐：

① 教师服装美观。                                （    ）

② 整体视觉。                                    （    ）

③ 师生洋溢着快乐的笑容。                        （    ）

服装精美具有艺术性：

① 服装新颖、有创新。                            （    ）

② 有艺术感。                                    （    ）

③ 是亲子套装。                                  （    ）

活动流程清晰：

① 环节清晰。                                    （    ）

② 活动效果突出"环保"。                          （    ）

③ 每个环节紧扣"环保"主题。                      （    ）

(本方案由实艺教育集团实艺幼儿园提供)

# 本 章 小 结

本章重点讲述了幼儿园亲子教育活动和幼儿园社区教育活动的开展要求。在目标、操作方式方法等方面作了表述，并举例说明了亲子活动和社区活动的实践流程。幼儿园的亲子教育活动及幼儿园社区教育活动的开展都还处于研究探索的阶段，尤其是树立大教育的理念，还需要一定的时间。目前这两个方面活动的开展都是以幼儿园作为主力军，而家庭、社区都是较为被动地配合。开展一个活动需要人力和物力的支持，幼儿园的人力和物力不够的话，活动就较难开展了。

但是，作为幼儿教育工作者，必须要有勇于开拓的精神，要通过研究、探索，打破这个瓶颈，通过活动让幼儿家长、社区民众掌握正确的教育理念，共同来教育好孩子，创造大教育的环境。

# 思考与练习

一、名词解释

1. 亲子活动
2. 社区环境

二、简答题

1. 简述学前儿童亲子教育活动的特点。
2. 开展学前儿童社区教育活动的意义是什么？

三、实践题

1. 请结合我们国家的重阳节设计一个社区教育活动方案，要求根据实操练习活动步骤来编写。有条件的可以在幼儿园里具体实践一下。
2. 在"三八"国际妇女节到来时，请到幼儿园做一个参观见习活动，要求仔细观察，认真记录，并填写观察评价记录表。

附：

**幼儿园日常生活中其他教学活动实操练习报告**

实操练习名称：

| 实操活动类型 | | 实操活动地点 | | 实操活动时间 | |
|---|---|---|---|---|---|
| 班级 | 学号 | 姓名 | 自评成绩(30%) | 教师评分(70%) | 总成绩 |
| *成员的栏目不够可扩充 | | | | | |
| | | | | | |
| | | | | | |

实操活动目的：

*此处写本次实操练习活动的目的。

续表

实操活动准备:
*此处要求详细描述本次实操练习活动所用到的场地面积,教具、学具及其他用具的数量等,明确指出需要哪些人的配合,成员如何分工。

实操过程记录:
*此处写本次实操练习活动的主要操作步骤及结果,结果包括完整的活动设计方案。

实操活动反思:
*你觉得本次实操练习活动的关键环节是什么?
*写出对本次活动的建议和意见。

教师评语:
*对活动过程、学生小组成员分工等进行定性描述,指出优点和不足。

教师签名: 时间:

# 参 考 文 献

[1] 教育部. 幼儿园教育指导纲要[S]. 2001.
[2] 教育部. 3~6岁儿童学习与发展指南[S]. 2012.
[3] 蓝猫儿童文化心理研究中心. 幼儿园教学活动手册[M]. 长沙：湖南教育出版社，2010.
[4] 中国学前教育研究会. 幼儿园建构式课程指导·教师用书[M]. 上海：华东师范大学出版社，2004.
[5] 周兢. 学前儿童语言教育[M]. 南京：南京师范大学出版社，2001.
[6] 张慧和. 学前儿童数学教育[M]. 长春：东北师范大学出版社，2003.
[7] 王志明. 学前儿童科学教育[M]. 南京：南京师范大学出版社，2001.
[8] 彭小明. 课堂教学技能训练[M]. 北京：高等教育出版社，2012.
[9] 虞永平，原晋霞. 幼儿园教育活动设计与指导[M]. 北京：高等教育出版社，2014.
[10] 张明红. 学前儿童社会教育[M]. 上海：华东师范大学出版社，2010.
[11] 张作岭. 班级管理[M]. 北京：清华大学出版社，2010.
[12] 陈思睿，蒋尊容，赵俊. 学前教育活动设计与实施[M]. 成都：西南交通大学出版社，2015.
[13] 幼儿园渗透式领域课程编委会. 幼儿园渗透式领域课程[M]. 南京：南京师范大学出版社，2005.
[14] 甄丽娜. 幼儿园教育活动设计与指导[M]. 北京：北京师范大学出版社，2016.
[15] 李浩泉，黄丽燕. 学前儿童五大领域教育及其活动设计[M]. 东营：中国石油大学出版社，2016.
[16] 陈碧霄. 幼儿园"意象"绘画教学[M]. 西安：陕西旅游出版社，2008.
[17] 林素云，戴聪聪. 学前儿童社会教育教学模式的整合研究[G]. 温州大学人文社科横向课题，2014.
[18] 赵小乐，戴聪聪. 白石镇中心幼儿园园本化课程材料初探[G]. 温州大学人文社科横向课题，2008.
[19] 郭华. 幼儿园教育活动框架与设计(小班)[M]. 北京：高等教育出版社，2018.
[20] 朱家雄. 幼儿园教育活动设计与实施[M]. 北京：中国人民大学出版社，2019.
[21] 万迪人. 促进幼儿园科学教育深入开展的几点思考[J]. 课程与教学，2006(6).